2011年度中国建筑业双百强企业研究报告

中国建筑业协会 编著

中国建筑工业出版社

图书在版编目(CIP)数据

2011年度中国建筑业双百强企业研究报告/中国建筑业协会编著. —北京：中国建筑工业出版社，2012.11
ISBN 978-7-112-14816-5

Ⅰ.①2… Ⅱ.①中… Ⅲ.①建筑企业—研究报告—中国—2011 Ⅳ.①F426.9

中国版本图书馆CIP数据核字(2012)第252472号

　　本书是国内第一套系统介绍"中国建筑业企业竞争力百强评价工作"和"中国建筑业最具成长性企业百强评价工作"，深入分析双百强上榜企业竞争和成长实力著作的2011年度版，对引导建筑业企业学习借鉴先进企业经验，加快转变发展方式，不断提升竞争力，具有重要的借鉴价值。

　　本书可供广大建筑业企业的领导层及管理人员、高等院校和科研机构从事建筑经济管理研究的理论工作者阅读参考。

* * *

责任编辑：赵晓菲
责任设计：陈　旭
责任校对：肖　剑　王雪竹

2011年度中国建筑业双百强企业研究报告
中国建筑业协会　编著
*
中国建筑工业出版社出版、发行(北京西郊百万庄)
各地新华书店、建筑书店经销
北京天成排版公司制版
北京建筑工业印刷厂印刷
*
开本：787×960毫米　1/16　印张：8½　字数：167千字
2012年11月第一版　2012年11月第一次印刷
定价：**35.00元**
ISBN 978-7-112-14816-5
(22870)

版权所有　翻印必究
如有印装质量问题，可寄本社退换
(邮政编码 100037)

《2011年度中国建筑业双百强企业研究报告》
编委会

主　任：郑一军
副主任：徐义屏　吴　涛
编　委：李　蓬　周福民　景　万　刘宇林　赵　峰
　　　　王要武　李怀清　李燕爱　李燕鹏　王秀兰
　　　　王凤起　王　昭　刘　蕾　石　卫

主　编：吴　涛　王要武
副主编：赵　峰　王秀兰
成　员：（以姓氏笔画为序）
　　　　王秀兰　王承玮　王要武　闫　辉　江兆尧
　　　　李晓东　吴　涛　张　宇　金　玲　赵　峰
　　　　崔雪竹　满庆鹏

前　言

为深入研究我国建筑业企业改革发展现状，引导和促进建筑业企业加快转变发展方式，探索新时期建筑业持续健康发展的途径，中国建筑业协会研究决定，2012年继续开展2011年度中国建筑业企业双百强评价工作（包括中国建筑业企业竞争力百强评价和中国建筑业最具成长性企业百强评价）。《2011年度中国建筑业双百强企业研究报告》对2011年中国建筑业的发展状况进行了全面的描述，对2011年度双百强评价工作进行了系统的介绍，并对双百强上榜企业进行了翔实的分析。

全书共分5章。

第1章2011年中国建筑业发展状况分析。从建筑业的产业地位与规模、中国建筑业企业的总体发展情况、房屋建筑建设情况以及对外承包工程情况四个方面，全面介绍了2011年中国建筑业的基本情况，并对2011年全国建筑业的发展特点进行了翔实的分析。

第2章中国建筑业企业双百强评价概述。系统地介绍了中国建筑业企业双百强评价的目的、双百强评价指标及数据的选取、企业竞争力指数和成长性指数的计算方法，发布了2011年度中国建筑业企业双百强排行榜。

第3章2011年度中国建筑业企业竞争力百强分析。通过对2011年度竞争力百强排行基本情况和其在建筑业发展中地位的阐述，分析了2011年度中国建筑业企业竞争力百强的总体情况；从营业收入、建筑业总产值、境外营业额、新签合同额、资产总计等方面，进行了竞争力百强的规模分析；通过对利润总额、主营业务利润、主营业务税金及附加等指标的解析，阐述了竞争力百强的效益状况；从人才数量、科技进步类奖项、管理水平类奖项三个方面，对竞争力百强的科技与管理状况进行了分析；通过对精神文明类奖项和履行社会责任指标的分析，阐述了竞争力百强的精神文明建设情况。

第4章2011年度中国建筑业企业成长性百强分析。通过对2011年度成长性百强排行基本情况和其在建筑业发展中地位的阐述，分析了2011年度中国建筑业企业成长性百强的总体情况；从营业收入、建筑业总产值、在外省完成产值、新签合同额、总资产等方面，进行了成长性百强的规模分析；通过对利润总额、主营业务利润、主营业务税金及附加指标等指标的解析，阐述了成长性百强的效益状况；从人才数量、科技进步类奖项、管理水平类奖项三个方面，对成长性百强的科技与管理状况进行了分析；通过对精神文明类奖项和履行社会责任指标的分析，阐述了成长性百强的精神文明建设情况。

第5章中国建筑业企业双百强比较分析。报告对2011年度中国建筑业竞争力百强企业在中国企业500强中的相对位置，双百强与全球承包商225强，以及竞争力百强与国际承包商225强进行了对比分析。

本书是国内第一套系统介绍"中国建筑业企业竞争力百强评价工作"和"中国建筑业最具成长性企业百强评价工作"、深入分析双百强上榜企业竞争和成长实力著作的2011年度版，对引导建筑业企业学习借鉴先进企业经验，转变发展方式，不断提升竞争力，具有重要的借鉴价值。可供广大建筑业企业的领导层及管理人员、高等院校和科研机构从事建筑经济管理研究的理论工作者阅读参考。

本书由吴涛、王要武、赵峰策划并统稿，参加各章编写的主要人员有：王秀兰、王承玮、金玲（第1章、第2章）、李晓东、闫辉、崔雪竹（第2章、第3章、第4章）、满庆鹏、张宇、江兆尧（第5章）。

限于时间和水平，本书错讹之处在所难免，敬请广大读者批评指正。

本书编委会
2012年11月

目 录

第1章 2011年中国建筑业发展状况分析 ··· 1
1.1 2011年中国建筑业基本情况 ··· 1
    1.1.1 建筑业的产业地位与规模 ·· 1
    1.1.2 中国建筑业企业的总体发展情况 ···································· 4
    1.1.3 房屋建筑建设情况 ··· 7
    1.1.4 对外承包工程情况 ··· 9
1.2 2011年全国建筑业发展特点分析 ·· 10
    1.2.1 东部强者恒强，西部异军突起 ······································· 10
    1.2.2 固定资产投资给力产业发展，大型城市建筑业
          转型升级步伐加快 ··· 11
    1.2.3 建筑市场总量持续扩大，发达地区竞争更为激烈 ················ 13
    1.2.4 多数地区外向度有所下降 ·· 14
    1.2.5 劳动力密集程度进一步提高，劳动生产率差异显著 ············· 15
    1.2.6 广东领跑对外承包工程业务 ··· 17

第2章 中国建筑业企业双百强评价概述 ··· 19
2.1 中国建筑业企业双百强评价的背景 ·· 19
    2.1.1 中国建筑业企业双百强评价的目的 ································· 19
    2.1.2 中国建筑业企业双百强评价的范围及条件 ······················· 19
2.2 竞争力百强评价指标与数据选取 ··· 20
    2.2.1 竞争力百强评价指标的确定 ··· 20
    2.2.2 竞争力百强评价指标数据选取 ······································ 21
2.3 成长性百强评价指标及数据的选取 ·· 23
    2.3.1 成长性百强评价指标的确定 ··· 23
    2.3.2 成长性百强评价指标数据选取 ······································ 24
2.4 企业竞争力指数和成长性指数的计算 ······································· 26
    2.4.1 企业竞争力指数计算 ·· 26

  2.4.2　企业成长性指数计算……………………………………… 28
 2.5　2011年度双百强评价的实施……………………………………… 32
  2.5.1　2011年度双百强评价的实施过程………………………… 32
  2.5.2　2011年度双百强评价的申报情况分析…………………… 34
  2.5.3　2011年度中国建筑业双百强企业排行榜………………… 39

第3章　2011年度中国建筑业企业竞争力百强分析　48
 3.1　竞争力百强总体情况……………………………………………… 48
  3.1.1　竞争力百强排行基本情况………………………………… 48
  3.1.2　竞争力百强在建筑业发展中的作用……………………… 50
 3.2　竞争力百强规模分析……………………………………………… 52
  3.2.1　营业收入指标分析………………………………………… 52
  3.2.2　建筑业总产值指标分析…………………………………… 53
  3.2.3　境外营业额指标分析……………………………………… 55
  3.2.4　新签合同额指标分析……………………………………… 57
  3.2.5　资产总计指标分析………………………………………… 58
 3.3　竞争力百强效益分析……………………………………………… 60
  3.3.1　利润总额指标分析………………………………………… 60
  3.3.2　主营业务利润指标分析…………………………………… 62
  3.3.3　主营业务税金及附加指标分析…………………………… 63
 3.4　竞争力百强科技与管理状况分析………………………………… 65
  3.4.1　人才数量指标分析………………………………………… 65
  3.4.2　科技进步类奖项指标分析………………………………… 69
  3.4.3　管理水平类奖项指标分析………………………………… 73
 3.5　竞争力百强精神文明状况分析…………………………………… 77
  3.5.1　精神文明类奖项指标分析………………………………… 77
  3.5.2　履行社会责任指标分析…………………………………… 81

第4章　2011年度中国建筑业企业成长性百强分析　83
 4.1　成长性百强的总体情况…………………………………………… 83
  4.1.1　成长性百强排名基本情况………………………………… 83
  4.1.2　成长性百强在建筑业发展中的作用……………………… 84

4.2 成长性百强规模成长性分析 ·· 87
   4.2.1 营业收入指标分析 ·· 87
   4.2.2 建筑业总产值指标分析 ·· 89
   4.2.3 在外省完成产值指标分析 ·· 91
   4.2.4 新签合同额指标分析 ··· 94
   4.2.5 总资产指标分析 ·· 96
4.3 成长性百强效益成长性分析 ·· 98
   4.3.1 利润总额指标分析 ·· 98
   4.3.2 主营业务利润指标分析 ··· 100
   4.3.3 主营业务税金及附加指标分析 ···································· 103
4.4 成长性百强科技与管理成长性分析 ·· 105
   4.4.1 人才数量指标分析 ·· 105
   4.4.2 科技进步类奖项指标分析 ··· 107
   4.4.3 管理水平类奖项指标分析 ··· 110
4.5 成长性百强精神文明状况分析 ·· 112
   4.5.1 精神文明类奖项指标分析 ··· 112
   4.5.2 履行社会责任指标分析 ··· 114

第5章 中国建筑业企业双百强比较分析 ··································· 116
5.1 竞争力百强与中国企业500强的对比分析 ······························· 116
   5.1.1 2012中国企业500强中的建筑业企业 ························· 116
   5.1.2 竞争力百强在2012中国企业500强中的位置 ·············· 118
5.2 双百强与全球承包商225强的对比分析 ··································· 120
   5.2.1 竞争力百强与全球承包商225强的对比分析 ·············· 120
   5.2.2 成长性百强与全球承包商225强的对比分析 ·············· 123
5.3 竞争力百强与国际承包商225强的对比分析 ··························· 124
   5.3.1 2012国际承包商225强中的中国企业 ························· 125
   5.3.2 国际承包商225强中的竞争力百强企业 ····················· 127
   5.3.3 达到2012国际承包商225强入选门槛的竞争力百强企业 ······ 127

第1章　2011年中国建筑业发展状况分析

1.1　2011年中国建筑业基本情况

2011年是"十二五"开局之年,在党中央、国务院的正确领导下,建筑行业以科学发展为主题,加快推进发展方式转变和产业结构调整,顺利完成年度安居工程建设任务,实现平稳较快发展。全国建筑业企业(指具有资质等级的总承包和专业承包建筑业企业,不含劳务分包建筑业企业,下同)完成建筑业总产值117734亿元,比上年增长22.6%,首次突破十万亿大关;完成竣工产值62024亿元,增长8.6%。房屋建筑施工面积84.6亿m^2,增长19.5%;房屋竣工面积29.2亿m^2,增长5.3%。签订合同总额208532亿元,增长20.8%。实现利润4241亿元,增长24.4%。至2011年底,全国共有建筑业企业70414个,比2010年减少1449个;从业人数4311.1万人,增加150.7万人。按建筑业总产值计算的劳动生产率为229220元/人,比2010年同期增长12.4%。

1.1.1　建筑业的产业地位与规模

1.1.1.1　建筑业对国民经济增长贡献突出,支柱产业地位日益增强

2011年,国民经济继续平稳较快发展,国内生产总值(GDP)达到471564亿元,比上年增长9.2%,与2010年的10.4%相比,增速有所回落。全年全社会建筑业实现增加值32020亿元,比上年增长10.0%,增速高出GDP增速0.8个百分点。但与2010年的13.7%相比,增速降低3.7个百分点(见图1-1)。建筑业增加值占GDP比重达到6.8%,再创历史新高(见图1-2),建筑业支柱产业地位持续增强。

1.1.1.2　受固定资产投资带动,建筑业产业规模持续扩大

2011年,全国固定资产投资(不含农户)301933亿元,比上年增长

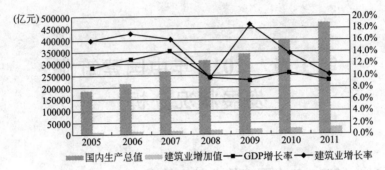

数据来源：2005~2010年数据来源于《中国统计年鉴2011》，2011年数据来源于国家统计局《2011年国民经济和社会发展统计公报》。

图1-1　2005~2011年国内生产总值、建筑业增加值及增长速度

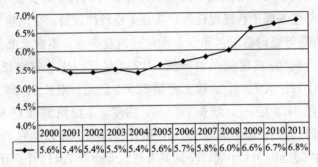

图1-2　2000年以来建筑业增加值占GDP比重

23.8%，增速回落0.4个百分点。但建筑业固定资产投资比上年同期增长42.9%，达到3252.8亿元，增长率在国民经济行业20大门类中排名第2，仅次于居民服务和其他服务业(见表1-1)。

2011年各行业固定资产投资增长率排名　　表1-1

名次	主要行业	投资额(亿元)	比上年同期增长(%)
1	居民服务和其他服务业	1217.18	52.9
2	建筑业	3252.75	42.9
3	金融业	628.42	42.0
4	租赁和商务服务业	3373.91	40.3
5	批发和零售业	7322.20	40.1
6	科学研究、技术服务和地质勘查业	1649.54	39.4
7	住宿和餐饮业	3915.70	34.3

续表

名次	主要行业	投资额(亿元)	比上年同期增长(%)
8	制造业	102594.10	31.8
9	房地产业	75684.83	29.7
10	卫生、社会保障和社会福利业	2331.29	28.1
11	农林牧渔业	6792.38	25.0
12	采矿业	11809.69	21.4
13	文化、体育和娱乐业	3148.16	21.3
14	公共管理和社会组织	5765.98	18.1
15	水利、环境和公共设施管理业	24536.63	14.2
16	教育	3881.50	13.7
17	电力、燃气及水的生产和供应业	14606.96	3.8
18	交通运输、仓储和邮政业	27260.32	1.8
19	信息传输、计算机服务和软件业	2161.32	0.4
20	国际组织		

伴随社会固定资产投资扩张，近10年来，全国建筑业企业完成建筑业总产值屡创新高，2011年达117734亿元，首次突破10万亿元大关，比上年同期增加21703亿元，增长22.6%，为实现建筑业"十二五"规划年均增长15%以上的目标奠定了很好的基础。2011年建筑业总产值是"九五"期末(2000年)的9.4倍、"十五"期末(2005年)的3.4倍。增速继2009年的23.8%、2010年的25%后，转而下行，增速放缓(见图1-3)。

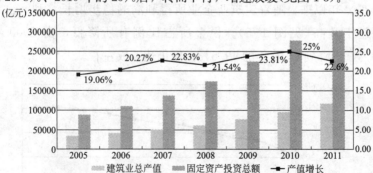

数据来源：2005～2010年数据来源于《中国统计年鉴》，2011年数据来源于国家统计局《2011年建筑业企业生产情况统计快报》。

图1-3 2005～2011年全社会固定资产投资、建筑业总产值及增长速度

1.1.2　中国建筑业企业的总体发展情况

1.1.2.1　建筑业企业运行效益良好，利润稳步增长，产值利润率略有提升

2011年，全国建筑业企业利润继续稳步增长，比2010年增长831.9亿元，达到4241亿元，增幅24.4%。2005年以来，建筑业产值利润率历经上升与稳定两个阶段（见图1-4）。2008、2009、2010年连续三年稳定在3.5%的水平。2011年，产值利润率略有提升，达到3.6%。

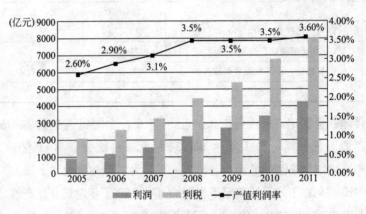

图1-4　2005～2011年全国建筑业企业利润、利税及产值利润率

2000年以来，随着建筑业企业所得利润的稳步增长，利润占利税比例逐年升高（见图1-5）。税金所占比例有所降低，由2000年的66.8%，下降到2010年的49.6%，但仍达五成左右。

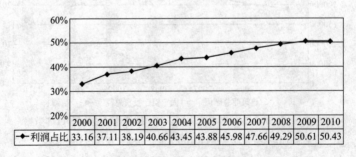

图1-5　2000年以来建筑业企业利润占利税比例

1.1.2.2 企业数量略有减少，从业人员规模逐年扩大，劳动生产率稳步提高

建筑业企业数量自2008年出现较大幅度增长后，企业数量变化不大。截至2011年底，全国共有建筑业企业70414个，与上年同期相比减少1449个，减少2%（见图1-6）。平均每个建筑业企业完成的建筑业总产值逐年增长，2011年达1.67亿元（见图1-7）。

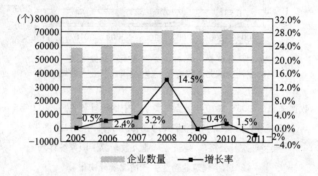

图1-6　2005～2011年建筑业企业数量及增速

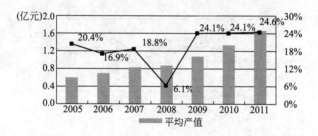

图1-7　2005～2011年建筑业企业完成的平均产值及增长率

2011年，全社会就业人员76420万人。建筑业从业人数4311.1万人，比上年同期增长3.6%，增速放缓（见图1-8）。建筑业从业人数连续多年稳步增长。建筑业对拉动城乡就业，吸纳农村富余劳动力，促进城乡统筹发展贡献突出。

2005年以来，按建筑业总产值计算的劳动生产率逐年提高，2011年达到229220元/人，是2000年的3.85倍、2005年的1.95倍、2010年的1.12倍，劳动生产率增幅变化呈波浪状态（见图1-9）。

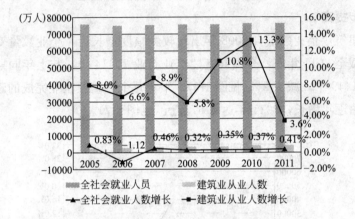

数据来源：2005~2010 年数据来源于《中国统计年鉴》。2011 年全社会就业人数来源于《中华人民共和国 2011 年国民经济和社会发展统计公报》，建筑业从业人数来源于国家统计局《2011 年建筑业企业生产情况统计快报》。

图 1-8 2005~2011 年全社会就业人数、建筑业从业人数增长情况

图 1-9 2005~2011 年按总产值计算的劳动生产率及增速

1.1.2.3 建筑业企业签订合同额稳步增长，但增速放缓

2011 年，全国建筑业企业签订合同总额 208532 亿元，比上年同期增加 35928 亿元，增长 20.8%。其中，本年新签合同额 126922.3 亿元，增长 16563.4 亿元。2005~2011 年，建筑业企业签订合同总额与新签合同额逐年稳步增长，并且增长态势趋同，2011 年继上年 29.3% 和 29.5% 的高增长率后，显著下行，分别降为 20.8% 和 15%，增长速度明显放缓（见图 1-10）。

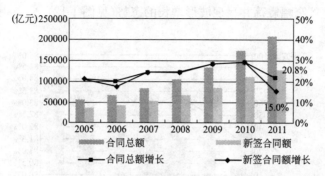

图 1-10　2005～2011 年全国建筑业企业签订合同额及其增速

1.1.3　房屋建筑建设情况

1.1.3.1　房屋建筑施工面积稳步增长、竣工面积增速回落，实行投标承包工程占比稳定

2011 年，全国建筑企业房屋建筑施工面积 84.62 亿平方米，比上年同期增长 13.82 亿平方米，增长 19.5%。竣工面积 29.22 亿平方米，增长 5.3%，两项指标均逐年稳步增长（见图 1-11）。其中，施工面积增速与上年持平；竣工面积增速比上年有较大幅度回落，降低 7.8 个百分点。

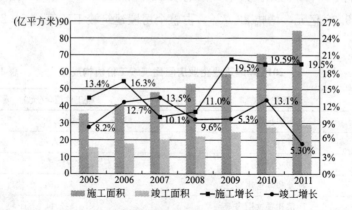

图 1-11　2005～2011 年建筑业施工面积、竣工面积及增速

全年房屋建筑施工面积中，实行投标承包工程房屋面积 70.45 亿平方米，占 83.3%。2005 年以来，投标承包工程面积逐年增大，占总施

工面积比例窄幅震荡并呈现波形增长的态势(见图 1-12)。

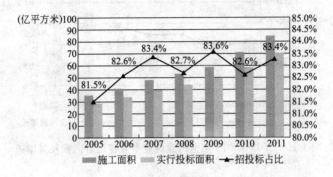

图 1-12　2005～2011 年实行投标承包工程房屋面积及占比

1.1.3.2　在国家加大保障性安居工程建设的带动下，住宅用房竣工价值显著

2011 年，中央出台了一系列关于保障性安居工程建设和管理的指导意见，完善财政投入、土地供应、信贷支持、税费减免等政策，着力提高规划建设和工程质量水平。全年新开工建设城镇保障性安居工程住房 1043 万套(户)，基本建成 432 万套。全国建筑业企业完成房屋建筑竣工价值 35440 亿元。其中，住宅竣工价值 21687.63 亿元，比上年增加 4019.22 亿元，增幅 22.7%，占整个房屋建筑竣工产值的 61.2%(见表 1-2)。

2011 年建筑业企业房屋建筑竣工价值构成　　表 1-2

房屋建筑类别	竣工价值(亿元)
厂房、仓库	5409.93
住宅	21687.63
办公用房	2715.26
批发和零售用房	731.54
住宿和餐饮用房	612.94
居民服务业用房	412.93
教育用房	1261.86
文化、体育和娱乐用房	556.85

续表

房屋建筑类别	竣工价值（亿元）
卫生医疗用房	454.53
科研用房	132.83
其他用房	1463.71
总计	35440.00

1.1.4 对外承包工程情况

2011年，国家积极推进市场多元化战略，努力优化贸易结构。企业积极参与国际和区域经济合作，多边双边经贸关系继续深化。但受国际政治经济环境动荡的影响，我国建筑业企业对外承包工程业务增长缓慢，发展面临较大挑战。全年完成对外承包工程营业额1034.2亿美元，同比增长12.2%。新签合同额1423.3亿美元，同比增长5.9%。完成营业额与新签合同额增幅水平均低于2010年，分别下降了6.5和0.6个百分点，连续三年增速放缓(见图1-13)。

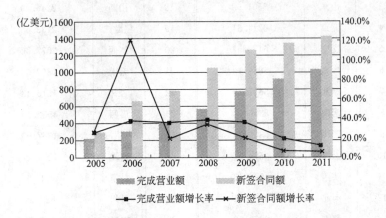

图1-13 2005~2011年我国对外承包工程情况

2011年我国对外劳务合作派出各类劳务人员45.2万人，较上年同期增加4.1万人。其中承包工程派出劳务24.3万人，劳务合作派出20.9万人。年末在外各类劳务人员81.2万人，同比减少3.5万人。

1.2 2011年全国建筑业发展特点分析

1.2.1 东部强者恒强,西部异军突起

2011年,全国各省市完成建筑业总产值117734亿元,增长22.6%。排名处于前四位的地区是江苏、浙江、山东、北京,分别为15062.18亿元、14686.41亿元、6501.68亿元、6214.31亿元(见表1-3)。江苏、浙江两省依然遥遥领先于其他省市,两省建筑业总产值占全国建筑业总产值的25.3%。多年来,该两省的行业龙头地位稳固、突出,并占有绝对优势。

2011年各地区建筑业总产值排序　　表1-3

排序	地区	建筑业总产值(亿元)	排序	地区	建筑业总产值(亿元)
1	江苏	15062.18	16	重庆	3320.19
2	浙江	14686.41	17	天津	2925.57
3	山东	6501.68	18	山西	2246.49
4	北京	6214.31	19	黑龙江	2133.68
5	辽宁	6170.57	20	江西	2077.56
6	广东	5859.10	21	云南	1867.06
7	湖北	5617.29	22	吉林	1615.43
8	河南	5335.02	23	广西	1552.16
9	四川	5300.38	24	内蒙古	1377.90
10	上海	4579.37	25	新疆	1274.47
11	陕西	4098.43	26	甘肃	911.69
12	河北	3931.11	27	贵州	825.84
13	湖南	3839.39	28	宁夏	417.05
	平均	3797.88	29	青海	319.90
14	福建	3696.45	30	海南	254.72
15	安徽	3599.40	31	西藏	123.35

2011年建筑业总产值超过5000亿元的共有9个省市,比2010年增加5个。除江苏、浙江、山东、北京外,还有新增加的辽宁、广东、湖北、河

南、四川。9省市完成建筑业总产值占全国建筑业总产值的60.1%。

从各省建筑业总产值的同期增长情况看，西部省份，尤其是陕西、贵州、新疆表现出较为强劲的发展势头，产值增幅分别达到33.8%、32.6%、32.2%（见表1-4），表现出较强的发展活力。

2011年各地建筑业总产值增长率排序　　　　　表1-4

排序	地区	增长率(%)	排序	地区	增长率(%)
1	陕西	33.80	17	河北	21.70
2	贵州	32.60	18	宁夏	21.70
3	新疆	32.20	19	江苏	21.40
4	辽宁	31.60	20	湖南	21.40
5	重庆	31.00	21	河南	21.20
6	湖北	29.30	22	甘肃	21.20
7	海南	27.70	23	天津	20.70
8	四川	27.30	24	黑龙江	20.60
9	广西	27.00	25	吉林	19.80
10	福建	25.90	26	北京	19.60
11	安徽	25.60	27	山东	18.30
12	广东	24.30	28	青海	14.40
13	云南	23.60	29	上海	6.50
14	江西	22.90	30	山西	4.80
15	内蒙古	22.40	31	西藏	1.00
16	浙江	22.30			

2012年初，中央批复了《西部大开发"十二五"规划》，坚定了继续把基础设施建设放在优先位置，突出交通和水利两个关键环节，加快构建适度超前、功能配套、安全高效的现代化基础设施体系的发展方向，未来我国西部地区建筑业发展空间广阔。

1.2.2　固定资产投资给力产业发展，大型城市建筑业转型升级步伐加快

2011年，全社会固定资产投资(不含农户)301933亿元，比上年增长23.8%，增速比上年回落0.4个百分点。东部地区投资144536亿元，

比上年增长 21.3%，增速回落 1.8 个百分点；中部地区投资 82524 亿元，增长 28.8%，比上年提高 3.5 个百分点；西部地区投资 69489 亿元，增长 29.2%，比上年提高 2.5 个百分点。中、西部地区受政策倾斜影响，投资增速比上年提高。

各地区固定资产投资中，建筑安装工程投资占有绝对份额，多数占到六成以上，除北京、吉林外，建筑安装工程投资排名与固定资产投资总额排名基本保持一致（见表 1-5）。

各地区固定资产投资、建筑安装工程投资、建筑业总产值排名情况　　表 1-5

地区	固定资产投资		建筑安装工程投资		建筑业总产值	
	金额（亿元）	排名	金额（亿元）	排名	金额（亿元）	排名
江苏	26299.40	1	14561.66	2	15062.18	1
山东	25928.45	2	16138.07	1	6501.68	3
辽宁	17431.46	3	11398.52	3	6170.57	5
河南	16932.15	4	10409.11	5	5335.02	8
广东	16688.44	5	10914.45	4	5859.10	6
河北	15795.22	6	10115.68	6	3931.11	12
四川	13705.29	7	9864.29	7	5300.38	9
浙江	13651.48	8	7997.61	8	14686.41	2
湖北	12223.71	9	7547.18	11	5617.29	7
安徽	11986.02	10	7621.67	10	3599.4	15
湖南	11360.51	11	7670.29	9	3839.39	13
内蒙古	10291.69	12	7260.36	12	1377.90	24
福建	9692.55	13	6122.05	14	3696.45	14
陕西	9123.72	14	6819.86	13	4098.43	11
江西	8756.10	15	5445.33	15	2077.56	20
广西	7563.89	16	4694.48	18	1552.16	23
重庆	7366.15	17	5311.50	16	3320.19	16
吉林	7221.64	18	4283.56	22	1615.43	22
黑龙江	7206.33	19	5066.69	17	2133.68	19
天津	7040.48	20	4548.77	19	2925.57	17
山西	6837.41	21	4532.74	20	2246.49	18

续表

地区	固定资产投资		建筑安装工程投资		建筑业总产值	
	金额（亿元）	排名	金额（亿元）	排名	金额（亿元）	排名
云南	5927.01	22	4350.71	21	1867.06	21
北京	5519.86	23	2551.16	27	6214.31	4
上海	4877.01	24	2973.10	24	4579.37	10
新疆	4444.99	25	3135.40	23	1274.47	25
甘肃	3865.99	26	2793.29	25	911.69	26
贵州	3734.08	27	2587.21	26	825.84	27
海南	1611.41	28	1229.65	28	254.72	30
宁夏	1583.46	29	1116.82	29	417.05	28
青海	1365.99	30	1046.61	30	319.90	29
西藏	516.31	31	474.33	31	123.35	31

从表1-5还可以看出，固定资产投资尤其是建筑安装工程投资排名对建筑业总产值序列有较大影响，基本呈正相关。即本地区固定资产投资排名靠前，建筑业总产值排名也靠前，具有一定的带动性。但浙江、北京、湖北、上海、天津、山西的固定资产投资排名与建筑业总产值序列差异较大。尤其是北京、上海两市，固定资产投资排名第23、第24位，但完成的建筑业总产值在第4、第10位。说明大型城市建筑业对由投资拉动的产值增长依赖性较小，产业转型升级走在全国前列。

1.2.3 建筑市场总量持续扩大，发达地区竞争更为激烈

2011年，全国建筑业企业新签合同额126922.29亿元，比上年增加16563.39亿元，增长15%。浙江、江苏两省继续包揽排名前两位，分别达到16468.18亿元、15143.43亿元，占全国总额的24.9%（见表1-6）。进入前十名的还有北京、广东、辽宁、山东、湖北、四川、上海、河南，新签合同额均超过5000亿元。2011年新签合同额排前十位的省市与2010年完全一致，十省市新签合同额总量占全国的65.1%，比上年增长1.1个百分点，建筑业发达地区建筑市场竞争程度日趋激烈，强者恒强。

2011 年各地区建筑业新签合同额排序　　　　　　　　表 1-6

排序	地区	新签合同额（万元）	占比（%）	排序	地区	新签合同额（万元）	占比（%）
1	浙江	16468.18	12.98	17	天津	3111.25	2.45
2	江苏	15143.43	11.93	18	黑龙江	2269.49	1.79
3	北京	7646.12	6.02	19	山西	2245.90	1.77
4	广东	7205.51	5.68	20	江西	2059.24	1.62
5	辽宁	6586.89	5.19	21	广西	1929.50	1.52
6	山东	6558.20	5.17	22	云南	1687.45	1.33
7	湖北	6509.11	5.13	23	内蒙古	1612.91	1.27
8	四川	5653.46	4.45	24	新疆	1550.27	1.22
9	上海	5486.57	4.32	25	吉林	1536.89	1.21
10	河南	5344.05	4.21	26	甘肃	1027.54	0.81
11	湖南	4331.01	3.41	27	贵州	852.74	0.67
12	福建	4318.71	3.40	28	宁夏	435.71	0.34
13	河北	4293.45	3.38	29	青海	260.81	0.21
14	安徽	3686.30	2.90	30	海南	260.27	0.21
15	陕西	3384.36	2.67	31	西藏	85.30	0.07
16	重庆	3381.68	2.66				

值得关注的是，辽宁省新签合同额排名继 2010 年由第 10 名上升到第 7 名后，2011 年继续保持上升势头，升至第 5 位。2009 年在沈阳启动的国内首个"现代建筑产业园区"建设，对该省建筑业的全面振兴起到的带动作用逐步显现。

1.2.4　多数地区外向度有所下降

2011 年，各地区在外省完成的建筑业总产值 35335.62 亿元，比 2010 年增加 6110.39 亿元，增加 20.9%。外省完成建筑业产值占全国建筑业总产值的 30.0%，与 2010 年相比，减少 0.7 个百分点。

在外省完成的建筑业产值居前三位的是浙江、江苏和北京，分别达到 7338.98 亿元、5721.23 亿元、3724.49 亿元。三地跨省完成的建筑业产值占全国跨省完成的建筑业总产值的 47.5%，比上年增加 1.4 个百分点。

紧随其后的上海、湖北、福建，跨省产值均超过 1400 亿元(见表 1-7)。

2011 年各地区跨省完成的建筑业产值及外向度　　　表 1-7

地区	在外省完成的产值(亿元)	外向度(%)	地区	在外省完成的产值(亿元)	外向度(%)
浙江	7338.98	49.97	山西	686.59	30.56
江苏	5721.23	37.98	重庆	589.47	17.75
北京	3724.49	59.93	江西	521.72	25.11
上海	1871.69	40.87	吉林	289.86	17.94
湖北	1738.50	30.95	广西	244.04	15.72
福建	1483.61	40.14	贵州	166.44	20.15
河南	1274.14	23.88	黑龙江	128.89	6.04
陕西	1246.54	30.42	甘肃	126.06	13.83
广东	1232.75	21.04	云南	97.53	5.22
四川	1177.75	22.22	新疆	94.47	7.41
湖南	1093.75	28.49	青海	69.69	21.78
河北	1028.51	26.16	内蒙古	49.77	3.61
山东	955.86	14.70	宁夏	17.00	4.08
天津	900.18	30.77	海南	8.82	3.46
安徽	764.68	21.25	西藏	0	0
辽宁	692.62	11.22			

从在外省完成的建筑业产值占本地区建筑业总产值的比例（即外向度）来看，北京、浙江、上海排在前三位，外向度分别为 59.93%、49.97%、40.87%。大型城市如北京、上海以及浙江、江苏等省市对外拓展能力增强。其中，北京外向度较上年的 62.84% 相比有所下降，浙江、上海外向度略有提升。外向度超过 30% 的还有福建、江苏、湖北、天津、山西、陕西 6 省。

与 2010 年相比，2011 年各省外向度有所上升的为 9 个地区，下降的 21 个，与上年持平的 1 个。外向度增加最显著的是吉林，上升 3.54%；下降最显著的是青海，降低 14.81%。

1.2.5　劳动力密集程度进一步提高，劳动生产率差异显著

2011 年，全国建筑业从业人数超过百万的地区共 14 个，与上年相

同。14个省市的建筑业从业人数占全国建筑业从业人数的82.4%，比上年增加1个百分点，劳动力集中程度进一步提高。其中，江苏、浙江从业人数均首次突破600万，分别达到626.04万人、622.03万人。从业人数超过200万的省市还有山东315.83万人、四川290.07万人、河南241.27万人（见表1-8）。与2010年相比，多数地区从业人数有所增加，人数减少的为四川、上海、江西、山西、吉林、海南和西藏共7个地区。其中，四川从业人数减少最多，减少15.11万人。

2011年各地区建筑业从业人数及劳动生产率　　　　表1-8

地区	从业人数（万人）	劳动生产率（元/人）	地区	从业人数（万人）	劳动生产率（元/人）
江苏	626.04	224471	云南	78.44	220267
浙江	622.03	233790	山西	66.34	245330
山东	315.83	191365	广西	64.20	242807
四川	290.07	159200	北京	61.86	334260
河南	241.27	212142	黑龙江	58.11	176260
广东	190.55	285804	天津	49.93	373706
福建	187.85	185199	甘肃	48.62	169101
辽宁	187.38	213155	内蒙古	45.63	172879
重庆	170.70	194690	贵州	37.15	222072
湖北	162.61	312400	吉林	35.93	162912
安徽	160.08	225569	新疆	32.64	207557
湖南	155.41	214742	宁夏	12.11	155702
河北	133.90	238792	青海	9.44	241337
陕西	107.92	293525	海南	9.37	220351
上海	92.85	377402	西藏	3.83	228445
江西	82.98	229168			

从按总产值计算的劳动生产率来看，2011年除黑龙江、吉林外，其他29个地区劳动生产率同比均有所提高。排在前六位的是上海377402元/人、天津373706元/人、北京334260元/人、湖北312400元/人、陕西293525元/人、广东285804元/人。劳动生产率高于全国水平229220元/人之上的有11个地区，其余20个地区则均处于全国水平之下。地区

之间建筑业劳动生产率差异较大。

1.2.6 广东领跑对外承包工程业务

2011年,我国对外承包工程业务完成营业额1034.2亿美元,比上年同期增长12.2%。其中,各省、自治区、直辖市(包括新疆生产建设兵团)共完成对外承包工程营业额682.63亿美元,比上年同期增长18.7%,营业额占全国的66%。完成营业额在40亿美元以上的有六个地区,分别是广东113.42亿美元、山东74.73亿美元、江苏60.01亿美元、上海59.41亿美元、四川49.87亿美元、湖北40.67亿美元,这六个地区总额占各省区市营业额的58.3%(见表1-9)。仅广东一省就占到全国的11%,领跑对外承包工程业务。与2010年相比,增幅最大的是福建,达114.1%。其他增长较快的省份还有陕西、海南、江西,增长均在50%以上。营业额下降的地区是河北、上海、山西和内蒙古。

2011年各地区对外承包工程完成营业额(万美元)　　　　表1-9

排序	地区	完成营业额(万美元)	排序	地区	完成营业额(万美元)
1	广东	1134158	17	云南	114468
2	山东	747265	18	黑龙江	109161
3	江苏	600106	19	山西	69676
4	上海	594113	20	广西	65296
5	四川	498692	21	新疆	63209
6	湖北	406741	22	福建	50373
7	天津	299081	23	重庆	41770
8	河南	291264	24	新疆兵团	33988
9	浙江	289942	25	贵州	30015
10	北京	248098	26	甘肃	29664
11	河北	243603	27	吉林	29510
12	安徽	236706	28	青海	4633
13	江西	158503	29	宁夏	1814
14	辽宁	150798	30	海南	1382
15	湖南	145987	31	内蒙古	0
16	陕西	136256		合计	6826272

2011年，我国对外承包工程新签合同额1423.3亿美元，同比增长5.9%。各地区对外承包工程新签合同额779.8亿美元，比上年增加49.6亿美元，增幅6.79%，新签合同额占全国的54.8%。排在前六位的是广东134.35亿美元、上海123.47亿美元、山东86.45亿美元、四川74.53亿美元、湖北63.13亿美元、江苏58.85亿美元，六地区新签合同额占所有地区新签合同额之和的69.35%（表1-10）。其中，广东新签合同额由上年的第三位跃升至第一，海外拓展能力进步显著。

2011年各地区对外承包工程新签合同额　　　表1-10

排序	地区	新签合同额(万美元)	排序	地区	新签合同额(万美元)
1	广东	1343526	17	云南	112125
2	山东	864453	18	黑龙江	41254
3	江苏	588537	19	山西	41821
4	上海	1234673	20	广西	55061
5	四川	745344	21	新疆	39840
6	湖北	631308	22	福建	49016
7	天津	194390	23	重庆	16748
8	河南	230318	24	新疆兵团	7147
9	浙江	257437	25	贵州	29649
10	北京	261088	26	甘肃	54691
11	河北	328230	27	吉林	7605
12	安徽	193661	28	青海	1225
13	江西	144191	29	宁夏	3262
14	辽宁	197637	30	海南	493
15	湖南	39747	31	内蒙古	0
16	陕西	83517		合计	7797994

第 2 章　中国建筑业企业双百强评价概述

2.1　中国建筑业企业双百强评价的背景

2.1.1　中国建筑业企业双百强评价的目的

为深入研究我国建筑业企业改革发展现状，引导和促进建筑业企业加快转变发展方式，探索新时期建筑业持续健康发展的途径，中国建筑业协会研究决定，2012年继续开展2011年度中国建筑业企业双百强评价工作(包括中国建筑业企业竞争力百强评价和中国建筑业最具成长性企业百强评价，简称：竞争力百强评价和成长性百强评价)。

中国建筑业企业双百强评价工作是一项行业公益性活动。评价工作本着对企业负责、对历史负责的精神，坚持客观、公开、公正、公平的原则。

评价工作每年进行一次，由建筑业企业自愿申报，经省、自治区、直辖市建筑业协会或有关行业建设协会择优推荐后，中国建筑业协会组织专家进行综合评价。

2.1.2　中国建筑业企业双百强评价的范围及条件

在中国大陆取得经营许可、持有中国各级政府住房和城乡建设主管部门核发的三级及以上资质证书、从事工程承包和施工活动的独立法人单位(不包括港、澳、台地区企业和国资委管理的建筑业企业最高层级独立法人单位)均可自愿报名参加。以企业集团为单位报送数据的，其核心企业应以建筑业为主业，报送数据可包括全资或控股子公司的数据，其成员企业不再单独报送数据。

具有特级资质或一级资质的企业可以报名参加中国建筑业企业竞争力百强评价，具有一级、二级、三级资质的企业可以报名参加中国建筑业最具成长性企业百强评价；具有一级资质的企业可根据自愿原则（在申报表中注明），同时参加竞争力百强评价和成长性百强评价，并报送竞争力百强评价申报资料和成长性百强评价申报资料。

申报企业应在上一年度未发生生产安全较大及以上事故、重大不良行为和企业主要领导贪腐事件等。

申报企业须报送真实的数据及资料，不得弄虚作假。如有虚假，一经查实，取消参评资格。

2.2 竞争力百强评价指标与数据选取

2.2.1 竞争力百强评价指标的确定

中国建筑业企业竞争力百强评价指标包含：综合指标；经营规模、资产规模、盈利能力、上缴税金、员工构成、科技进步、管理水平、精神文明8个方面的分类指标和17项分类细化指标。相应的评价指标分类及权重见表2-1。

中国建筑业企业竞争力评价指标分类及权重表　　　　表2-1

综合指标	分类指标			分类细化指标		
	代码	指标名称	权重值	代码	指标名称	权重值
建筑业企业竞争力指数S	A	经营规模	41	A1	全年营业收入合计	13
				A2	建筑业总产值	13
				A3	在境外完成的营业额	5
				A4	新签合同额	10
	B	资产规模	7	B1	资产总计	7
	C	盈利能力	15	C1	利润总额	7
				C2	主营业务利润	8
	D	上缴税金	7	D1	主营业务税金及附加	7
	E	员工构成	5	E1	高级人才数合计	3
				E2	中级人才数合计	2
	F	科技进步	8	F1	科技进步类国家级奖项合计	5
				F2	科技进步类省部级奖项合计	3

续表

综合指标	分类指标			分类细化指标		
	代码	指标名称	权重值	代码	指标名称	权重值
建筑业企业竞争力指数 S	G	管理水平	8	G1	管理水平类国家级奖项合计	5
				G2	管理水平类省部级奖项合计	3
	H	精神文明	9	H1	精神文明类国家级奖项合计	4
				H2	精神文明类省部级奖项合计	3
				H3	履行社会责任情况	2

2.2.2 竞争力百强评价指标数据选取

2.2.2.1 经营规模分类细化指标

经营规模类指标包括4项分类细化指标，采用申报企业上一年度数据。

（1）全年营业收入合计。指企业全年生产经营活动中通过销售商品或提供劳务以及让渡资产取得的收入。营业收入合计分为主营业务收入和其他业务收入。营业收入合计根据企业会计"利润表"中的"主营业务收入"的本年累计数与"其他业务收入"的本年累计数之和填写。

（2）建筑业总产值。是以货币表现的建筑业企业在一定时期内生产的建筑业产品和服务的总和，包括建筑工程产值、安装工程产值和其他产值三部分内容。

（3）在境外完成的营业额。指建筑业企业在报告期内在境外所有经营活动的货币表现。

（4）新签合同额。指建筑业企业在报告期内同建设单位直接新签订的各种国内工程合同的总价款，不包括与其他建筑业企业新签的分包合同额。

2.2.2.2 资产规模分类细化指标

资产规模类指标只设置资产总计一项分类细化指标，采用申报企业上一年度数据。

资产总计指企业拥有或控制的能以货币计量的经济资源，包括各种财产、债权和其他权利。资产按其流动性（即资产的变现能力和支付能力）划分为：流动资产、长期投资、固定资产、无形资产、递延资产和其他资产。根据企业会计"资产负债表"中"资产总计"项目的期末数填列。

2.2.2.3 盈利能力分类细化指标

盈利能力类指标包括2项分类细化指标，采用申报企业上一年度数据。

（1）利润总额。指企业在生产经营过程中各种收入扣除各种耗费后的盈余，反映企业在报告期内实现的亏盈总额，包括营业利润、补贴收入、投资净收益和营业外收支净额。根据会计"利润表"中对应指标的本期累计数填列。

（2）主营业务利润。指企业经营主要业务实现的利润，计算公式为：主营业务利润＝主营业务收入－主营业务成本－主营业务税金及附加－销售费用。

2.2.2.4 上缴税金分类细化指标

上缴税金类指标只设置主营业务税金及附加一项分类细化指标，采用申报企业上一年度数据。

主营业务税金及附加指企业经营主要业务应负担的营业税、消费税、城市维护建设税、资源税、土地增值税、教育费附加。根据会计"利润表"中对应指标的本年累计数填列。

2.2.2.5 员工构成分类细化指标

员工构成类指标包括2项分类细化指标。

（1）高级人才数合计。采用申报企业上一年度一级注册建造师人数、高级职业经理人人数、高级职称员工人数三项之和。

（2）中级人才数合计。采用申报企业上一年度二级注册建造师人数、优秀项目经理人数、中级职称员工人数三项之和。

2.2.2.6 科技进步分类细化指标

科技进步类指标包括2项分类细化指标。

（1）科技进步类国家级奖项合计。采用申报企业最近三个年度获得的国家级科技进步奖、国家级工法、发明类专利（不含实用新型专利和外观设计专利)、中国土木工程詹天佑奖、绿色施工示范工程和国家级新技术应用示范工程数量之和。

(2) 科技进步类省部级奖项合计。采用申报企业最近三个年度获得的省部级科技进步奖、省部级工法数量和省部级新技术应用示范工程数量之和。

2.2.2.7 管理水平分类细化指标

管理水平类指标包括2项分类细化指标。

(1) 管理水平类国家级奖项合计。采用申报企业最近三个年度获得的中国建设工程鲁班奖(国家优质工程)、AAA级安全文明标准化诚信工地、全国工程建设优秀QC小组、全国建设工程优秀项目管理成果奖数量之和。

(2) 管理水平类省部级奖项合计。采用申报企业最近三个年度获得的省部级优质工程奖、省部级安全文明工地、省部级工程建设优秀QC小组、省部级建设工程优秀项目管理成果奖数量之和。

2.2.2.8 精神文明分类细化指标

精神文明类指标包括3项分类细化指标。

(1) 精神文明类国家级奖项合计。采用申报企业最近三个年度获得的全国"五一"劳动奖状和全国文明单位数量之和。

(2) 精神文明类省部级奖项合计。采用申报企业最近三个年度获得的省级"五一"劳动奖状和省级文明单位数量之和。

(3) 履行社会责任情况。根据申报企业最近三个年度履行社会责任的获奖情况、各类社会捐款情况,以权重量化评价。

2.3 成长性百强评价指标及数据的选取

2.3.1 成长性百强评价指标的确定

中国建筑业最具成长性企业百强评价指标包含:综合指标;经营规模、资产规模、盈利能力、上缴税金、员工构成、科技进步、管理水平、精神文明8个分类指标和17项分类细化指标。相应的评价指标分类及权重见表2-2。

中国建筑业企业成长性评价指标分类及权重表　　表 2-2

综合指标	分类指标			分类细化指标		
	代码	指标名称	权重值	代码	指标名称	权重值
建筑业企业成长性指数 T	A	经营规模	48	A1	全年营业收入合计	15
				A2	建筑业总产值	13
				A3	在外省完成的产值	8
				A4	新签合同额	12
	B	资产规模	7	B1	资产总计	7
	C	盈利能力	13	C1	利润总额	8
				C2	主营业务利润	5
	D	上缴税金	7	D1	主营业务税金及附加	7
	E	员工构成	5	E1	高级人才数合计	3
				E2	中级人才数合计	2
	F	科技进步	6	F1	科技进步类国家级奖项合计	4
				F2	科技进步类省部级奖项合计	2
	G	管理水平	6	G1	管理水平类国家级奖项合计	4
				G2	管理水平类省部级奖项合计	2
	H	精神文明	8	H1	精神文明类国家级奖项合计	4
				H2	精神文明类省部级奖项合计	2
				H3	履行社会责任情况	2

2.3.2　成长性百强评价指标数据选取

2.3.2.1　经营规模分类细化指标

经营规模类指标包括 4 项分类细化指标。

(1) 全年营业收入合计。采用申报企业最近三个年度全年营业收入之和的平均值。

(2) 建筑业总产值。采用申报企业最近三个年度建筑业总产值的平均值。

(3) 在外省完成的产值。采用申报企业最近三个年度在外省完成的产值的平均值。

（4）新签合同额。采用申报企业最近三个年度新签合同额的平均值。

2.3.2.2 资产规模分类细化指标

只设置资产总计一项分类细化指标。采用申报企业最近三个年度资产总计的平均值。

2.3.2.3 盈利能力分类细化指标

（1）利润总额。采用申报企业最近三个年度利润总额的平均值。

（2）主营业务利润。采用申报企业最近三个年度主营业务利润的平均增长率。

2.3.2.4 上缴税金分类细化指标

只设置主营业务税金及附加一个分类细化指标。采用申报企业最近三个年度主营业务税金及附加的平均值。

2.3.2.5 员工构成分类细化指标

员工构成类指标包括 2 项分类细化指标。

（1）高级人才数合计。采用申报企业上一年度一级注册建造师人数、高级职业经理人人数、高级职称员工人数三项之和。

（2）中级人才数合计。采用申报企业上一年度二级注册建造师人数、优秀项目经理人数、中级职称员工人数三项之和。

2.3.2.6 科技进步分类细化指标

科技进步类指标包括 2 项分类细化指标。

（1）科技进步类国家级奖项合计。采用申报企业最近三个年度获得的国家级科技进步奖、国家级工法、发明类专利（不含实用新型专利和外观设计专利）、中国土木工程詹天佑奖、绿色施工示范工程和国家级新技术应用示范工程数量之和。

（2）科技进步类省部级奖项合计。采用申报企业最近三个年度获得的省部级科技进步奖、省部级工法数量和省部级新技术应用示范工程数量之和。

2.3.2.7 管理水平分类细化指标

管理水平类指标包括 2 项分类细化指标。

(1) 管理水平类国家级奖项合计。采用申报企业最近三个年度获得的中国建设工程鲁班奖(国家优质工程)、AAA 级安全文明标准化诚信工地、全国工程建设优秀 QC 小组、全国建设工程优秀项目管理成果奖数量之和。

(2) 管理水平类省部级奖项合计。采用申报企业最近三个年度获得的省部级优质工程奖、省部级安全文明工地、省部级工程建设优秀 QC 小组、省部级建设工程优秀项目管理成果奖数量之和。

2.3.2.8 精神文明分类细化指标

精神文明类指标包括 2 项分类细化指标。

(1) 精神文明类国家级奖项合计。采用申报企业最近三个年度获得的全国五一劳动奖状和全国文明单位数量之和。

(2) 精神文明类省部级奖项合计。采用申报企业最近三个年度获得的省级五一劳动奖状和省级文明单位数量之和。

(3) 履行社会责任情况。根据申报企业最近三个年度履行社会责任的获奖情况、各类社会捐款情况,以权重量化评价。

2.4 企业竞争力指数和成长性指数的计算

2.4.1 企业竞争力指数计算

2.4.1.1 计算方法

企业竞争力指数 S 的计算方法是:根据申报企业的上报数据,计算所有申报企业每一项分类细化指标数据之和;计算申报企业 17 项分类细化指标数据占该分类细化指标数据之和的比例;对 17 项分类细化指标比例乘以该分类细化指标权重值求和,所得数值即为企业竞争力指数 S。

2.4.1.2 计算示例

为简明计算,假设申报企业只有甲、乙、丙 3 家。其中,甲、乙企业为特级资质,丙企业为一级资质,3 家企业上报的各项分类细化指标见表 2-3 第(2)、(3)、(4)项数据。

甲、乙、丙企业竞争力指数 S 计算表

表 2-3

分类细化指标	权重 (1)	企业申报数据			总计 (5)=(2)+(3)+(4)	得分		
		甲企业 (2)	乙企业 (3)	丙企业 (4)		甲企业 (6)=(2)/(5)×(1)	乙企业 (7)=(3)/(5)×(1)	丙企业 (8)=(3)/(5)×(1)
全年营业收入合计(万元)	13	1619803	1459110	1345730	4424643	4.759127234	4.286996714	3.953876053
建筑业总产值(万元)	13	1619803	1604520	1345730	4570053	4.607701267	4.564227154	3.828071578
在境外完成的营业额(万元)	5	91878	12000	96491	200369	2.292719932	0.299447519	2.407832549
新签合同额(万元)	10	1757086	1618727	1600000	4975813	3.531254089	3.253190986	3.215554925
资产总计(万元)	7	1259090	990559	1840358	4090007	2.154918072	1.695330355	3.149751577
利润总额(万元)	7	68934	20279	33272	122485	3.93956811	1.158941911	1.901489978
主营业务利润(万元)	8	128988	61778	31514	222280	4.642360986	2.223429908	1.134209106
主营业务税金及附加(万元)	7	48057	37679	48294	134030	2.509878385	1.967865403	2.522256211
高级人才数合计	3	928	900	551	2379	1.170239596	1.134930643	0.69482976
中级人才数合计	2	2086	1925	1088	5099	0.818199647	0.75505001	0.426750343
科技进步类国家级奖项合计	5	26	16	82	124	1.048387097	0.64516129	3.306451613
科技进步类省部级奖项合计	3	82	26	89	197	1.248730964	0.395939086	1.355329949
管理水平类国家级奖项合计	5	9	76	13	98	0.459183673	3.87755102	0.663265306
管理水平类省部级奖项合计	3	122	470	31	623	0.587479936	2.263242376	0.149277689
精神文明类国家级奖项合计	4	1	2	1	4	1	2	1
精神文明类省部级奖项合计	3	2	6	3	11	0.545454545	1.636363636	0.818181818
履行社会责任情况	2	3	3	1	7	0.857142857	0.857142857	0.285714286
合计	100	—	—	—	—	36.17234639	33.01481087	30.81284274

（1）计算各项分类细化指标所有企业的总计值。以"全年营业收入合计"指标为例，所有企业的总计值应为：1619803＋1459110＋1345730＝4424643（万元）。各项分类细化指标所有企业的总计值见表2-3中第（5）项数据。

（2）计算每一家企业各项分类细化指标数据在该项指标数据总和中所占的比值。以甲企业"全年营业收入合计"指标为例，其比值应为：1619803/4424643＝0.366087。甲、乙、丙3家企业各项分类细化指标所占的比值分别为表2-3中第（2）、（3）、（4）项数据与第（5）项数据的比值。

（3）计算每家企业各项分类细化指标的得分值。以甲企业"全年营业收入合计"指标为例，其得分值应为：0.366087×13＝4.759127234。甲、乙、丙3家企业各项分类细化指标的得分值分别见表2-3中的（6）、（7）、（8）项数据。

（4）计算每家企业的竞争力指数S。将甲、乙、丙3家企业的所有分类细化指标得分值分别求和，得到各家企业的总分，见表2-3中（6）、（7）、（8）各项数据的合计值。3家企业的竞争力指数S分别为36.17234639、33.01481087和30.81284274。

2.4.2 企业成长性指数计算

2.4.2.1 计算方法

企业成长性指数T的计算方法是：根据申报企业的上报数据，计算所有申报企业每一项分类细化指标数据之和；计算申报企业17项分类细化指标数据占该分类细化指标数据之和的比例；对17项分类细化指标比例乘以该分类细化指标权重值求和，所得数值即为企业竞争力指数T。具体计算步骤如下：

（1）企业数据的预处理。将所有企业数据按照8个分类指标17项分类细化指标分为三个类别：经营规模中的4项分类细化指标、资产规模中的1项分类细化指标、盈利能力中的利润总额指标、上缴税金中的主营业务税金及附加为第一类指标，盈利能力中的主营业务利润为第二类指标，员工构成、科技进步、管理水平和精神文明中的全部9项分类细化指标为第三类指标。对三类指标下各项分类细化指标数据按照如下方法进行预处理：第一类分类细化指标数据采用企业上报最近三年的每一项指标数据总和的平均值；第二类分类细化指标数据采用企业上报最近三年的每一项指标的平均增长率；第三类分类细化指标直接采用企业上报的数据。

（2）将所有企业的预处理后的同一项指标数据求和，计算出各项分类细化指标所有企业的总计值。

（3）计算出每一家企业各项分类细化指标数据在该项指标数据总和中所占的比值。

（4）将（3）中得到的比值数据与对应指标的权重值相乘，得到企业各项分类细化指标得分值。

（5）将每一家企业的所有分类细化指标得分值求和，得到该企业的总分，即为成长性指数 T。

2.4.2.2　计算示例

为简明计算，假设申报企业只有甲、乙、丙 3 家。3 家企业上报的各项分类细化指标数据如表 2-4 所示。

（1）企业数据的预处理。第一类分类细化指标数据，以甲企业"全年营业收入总计"指标为例，三年的平均值应为：（730976＋685408＋342309）/3＝586231（万元）；第二类分类细化指标数据，以甲企业"主营业务利润"指标为例，应为：$(72968/33032)^{0.5}-1=0.4863$；第三类分类细化指标数据直接采用企业上报的数据。甲、乙、丙 3 家企业预处理后的数据见表 2-5 中第（2）、（3）、（4）项数据。

（2）计算各项分类细化指标所有企业的总计值。以"全年营业收入合计"指标为例，所有企业的总计值应为：586231＋616645＋487896＝1690772（万元）。各项分类细化指标所有企业的总计值见表 2-5 中第（5）项数据。

（3）计算每一家企业各项分类细化指标数据在该项指标数据总和中所占的比值。以甲企业"全年营业收入合计"指标为例，其比值应为：586231/1690772＝0.3467。甲、乙、丙 3 家企业各项分类细化指标所占的比值分别为表 2-5 中第（2）、（3）、（4）项数据与第（5）项数据的比值。

甲、乙、丙企业申报中国建筑业企业成长性百强的基本数据

表 2-4

分类细化指标	甲企业			乙企业			丙企业		
	2011	2010	2009	2011	2010	2009	2011	2010	2009
全年营业收入合计(万元)	730976	685408	342309	787263	602707	459965	660455	459261	343973
建筑业总产值(万元)	730728	685157	342131	603752	502379	415236	660455	459261	343973
在外省完成的产值(万元)	465493	404892	265353	423617	363567	294467	35180	17836	14863
新签合同额(万元)	1353101	1021663	532217	647397	585646	498579	1035860	885553	250527
资产总计(万元)	524142	379204	251469	266867	230131	185360	153598	74331	71858
利润总额(万元)	46320	34304	15550	38410	31105	20601	3035	948	450
主营业务利润(万元)	72968	59018	33032	28416	26896	23998	17230	12006	8888
主营业务税金及附加(万元)	16938	14468	8543	18758	15888	13455	18314	13458	10860
高级人才数合计(人)		454			155			156	
中级人才数合计(人)		568			364			783	
科技进步类国家级奖项合计		13			10			5	
科技进步类省部级奖项合计		16			24			38	
管理水平类国家级奖项合计		15			2			15	
管理水平类省部级奖项合计		33			9			97	
精神文明类国家级奖项合计		1			0			4	
精神文明类省部级奖项合计		1			0			11	
履行社会责任情况		2			3			3	

第2章 中国建筑业企业双百强评价概述

甲、乙、丙企业成长性指数T计算表

表2-5

分类细化指标	权重 (1)	预处理后数据 甲企业 (2)	预处理后数据 乙企业 (3)	预处理后数据 丙企业 (4)	总计 (5)=(2)+(3)+(4)	得分 甲企业 (6)=(2)/(5)×(1)	得分 乙企业 (7)=(3)/(5)×(1)	得分 丙企业 (8)=(4)/(5)×(1)
全年营业收入合计(万元)	15	586231	616645	487896	1690772	5.200857951	5.470681	4.328460609
建筑业总产值(万元)	13	586005	507122	487896	1581023	4.818440339	4.169823	4.011736705
在外省完成的产值(万元)	8	378579	360550	22626	761755	3.975861005	3.786519	0.237619707
新签合同额(万元)	12	968993	577207	723980	2270180	5.122023804	3.051073	3.826903594
资产总计(万元)	7	394938	227453	99929	722320	3.827342452	2.204246	0.968411507
利润总额(万元)	8	32058	30039	1478	63575	4.034038537	3.779976	0.185985057
主营业务利润(万元)	5	0.4863	0.08816	0.3923	0.96676	2.51510199	0.455956	2.028942033
主营业务税金及附加(万元)	7	13316	16033	14210	43559	2.139902202	2.576528	2.283569412
高级人才数合计(人)	3	454	155	156	765	1.780392157	0.607843	0.611764706
中级人才数合计(人)	2	568	364	783	1715	0.662390671	0.42449	0.913119534
科技进步类国家级奖项合计	4	13	10	5	28	1.857142857	1.428571	0.714285714
科技进步类省部级奖项合计	2	16	24	38	78	0.41025641	0.615385	0.974358974
管理水平类国家级奖项合计	4	15	2	15	32	1.875	0.25	1.875
管理水平类省部级奖项合计	2	33	9	97	139	0.474820144	0.129496	1.395583453
精神文明类国家级奖项合计	4	1	0	4	5	0.8	0	3.2
精神文明类省部级奖项合计	2	1	0	11	12	0.166666667	0	1.833333333
履行社会责任情况	2	2	3	3	8	0.5	0.75	0.75
合计	100	—	—	—	—	40.16023719	29.70059	30.13917434

(4) 计算每家企业各项分类细化指标的得分值。以甲企业"全年营业收入合计"指标为例,其得分值应为: $0.3467 \times 15 = 5.20086$。甲、乙、丙3家企业各项分类细化指标的得分值见表2-5中的(6)、(7)、(8)项数据。

(5) 计算每家企业的成长性指数T。将甲、乙、丙3家企业的所有分类细化指标得分值分别求和,得到各家企业的总分,分别见表2-5中(6)、(7)、(8)各项数据的合计值。3家企业的成长性指数T分别为40.16023719、29.70059和30.13917434。

2.5　2011年度双百强评价的实施

2.5.1　2011年度双百强评价的实施过程

2.5.1.1　发文通知

2012年5月14日,中国建筑业协会以建协〔2012〕16号文发布《关于开展2011年度中国建筑业企业双百强评价工作的通知》(见图2-1),正

中国建筑业协会文件

建协〔2012〕16号

关于开展2011年度中国建筑业企业双百强评价工作的通知

各省、自治区、直辖市建筑业协会(联合会、施工行业协会)、有关行业建设协会、解放军工程建设协会、国资委管理的有关建筑业企业、本会单位会员、有关单位:

为深入研究我国建筑业企业改革发展现状,引导和促进建筑业企业加快转变发展方式,探索新时期建筑业持续健康发展的途径,经研究,2012年我会将继续开展2011年度中国建筑业企业双百强评价工作(包括中国建筑业企业竞争力百强评价和中国建筑业最具成长性企业百强评价,简称:竞争力百强评价和成长性百强评价)。现将有关事项通知如下:

一、申报条件

在中国大陆取得经营许可,持有中国各级政府住房和城乡建

图2-1　中国建筑业协会发布的《关于开展2011年度中国建筑业企业双百强评价工作的通知》

式组织开展中国建筑业企业双百强评价工作。

2.5.1.2 企业申报

根据《关于开展2011年度中国建筑业企业双百强评价工作的通知》（建协〔2012〕16号）和《中国建筑业企业双百强评价办法》，符合参评资格的企业开始填报"2011年度中国建筑业企业竞争力百强评价申报表"和"2011年度中国建筑业最具成长性企业百强评价申报表"。

2.5.1.3 评价

按照《中国建筑业企业双百强评价办法》确定的评价原则和程序，中国建筑业协会对申报材料进行了认真细致的核实、统计和录入，并根据《中国建筑业企业双百强评价办法》进行了精确的计算。

2012年9月13日，中国建筑业协会在北京召开2011年度中国建筑业企业双百强评价工作会议（见图2-2和图2-3），中国建筑业协会副会长徐义屏出席会议并讲话，副会长兼秘书长吴涛主持会议。中国建筑业协会信息传媒部主任王秀兰汇报了2011年度双百强评价工作的申报情况、计算结果和入围名单。来自住房和城乡建设部计划财务与外事司、哈尔滨工业大学、山东科技大学、中国建筑股份有限公司、北京建工集团、中国建筑业协会建造师分会、中国冶金建设协会、湖南省建筑业协会、江苏省建筑行业协会、嘉兴市建筑行业协会、建筑时报社的有关专家根据《中国建筑业企业双百强评价办法》，对申报2011年度双百强企业的基础数据以及计算过程和计算结果进行了认真的复核和审查，一致认为计算过程严谨，计算结果可靠，同意中国建筑第八工程局有限公

图2-2　2011年度中国建筑业企业双百强评价工作会议现场

司等100家企业为2011年度中国建筑业企业竞争力百强；中建工业设备安装有限公司等100家企业为2011年度中国建筑业最具成长性企业百强。

图2-3　2011年度中国建筑业企业双百强评价工作专家合影

2.5.1.4　公示

中国建筑业协会在双百强评价工作会议结束后，随即将评价结果在中国建筑业协会网站（http：//www.zgjzy.org/）进行了公示。对于公示期间的反馈信息，中国建筑业协会组织专家进行了检查和审议，最后确定中国建筑第八工程局有限公司等100家企业为中国建筑业企业竞争力百强；中建工业设备安装有限公司等100家企业为中国建筑业最具成长性企业百强。

2.5.1.5　发布

中国建筑业协会于2012年10月22日在郑州召开2011年度中国建筑业企业双百强评价结果发布会，向获得"2011年度中国建筑业企业竞争力百强"和"2011年度中国建筑业最具成长性企业百强"称号的企业颁发证书和奖牌。

2.5.2　2011年度双百强评价的申报情况分析

2.5.2.1　竞争力百强申报情况

1. 资质分布

申报2011年度竞争力百强评价的共有218家企业，入选率为45.87%。申报和入选企业的资质分布情况如表2-6所示。

申报和入选竞争力百强企业的资质分布情况　　　表 2-6

企业资质	申报企业数(家)	入选企业数(家)	入选率(%)
特级	92	75	81.52
一级	126	25	19.84

2. 地区分布

2011 年度竞争力百强评价，共有 28 个省、自治区、直辖市的建筑业协会参与了资料初审和推荐工作，山西、青海和西藏三省、自治区未申报。通过各省、自治区、直辖市建筑业协会初审和推荐，申报竞争力百强的企业共 190 家，入选 85 家，入选率为 44.74%。申报和入选企业的地区分布情况如表 2-7 所示。

申报和入选竞争力百强企业的地区分布情况　　　表 2-7

地区	申报企业数(家)	入选企业数(家)	入选率(%)
北京	6	4	66.67
上海	8	5	62.50
天津	4	3	75.00
重庆	5	4	80.00
河北	1	0	0
内蒙古	15	0	0
辽宁	3	1	66.67
吉林	1	0	0
黑龙江	2	2	100.00
江苏	31	23	74.19
浙江	18	12	66.67
安徽	14	3	21.43
福建	7	1	14.29
江西	1	1	100.00
山东	17	2	11.76
河南	7	2	28.57
湖北	6	4	66.67
湖南	8	3	37.50
广东	6	3	50.00

续表

地区	申报企业数(家)	入选企业数(家)	入选率(%)
广西	4	1	25.00
海南	1	0	0
四川	3	1	33.33
贵州	2	2	100.00
云南	7	2	28.57
陕西	6	2	33.33
甘肃	3	2	66.67
宁夏	1	1	100.00
新疆	3	1	33.33

从表2-7可以看出，江苏、浙江分别以23和12的入选企业数排在前两位，远高于其他地区，这一位次与这两个省份建筑业总产值在全国的排序一致。上海以5家企业入选排在第3位，北京、重庆、湖北以4家企业入选并列排在第4位。从申报情况看，申报企业数排在前5位的地区分别是江苏、浙江、山东、内蒙古和安徽。

3. 行业分布

2011年度竞争力百强评价，共有10个行业建设协会、大型央企参与了资料初审和推荐工作。通过各行业建设协会和大型央企初审和推荐，申报竞争力百强的企业共28家，入选15家，入选率为53.57%。申报和入选企业的行业分布情况如表2-8所示。

申报和入选竞争力百强企业的行业分布情况　　　表2-8

行业、大型央企	申报企业数(家)	入选企业数(家)	入选率(%)
安装	1	1	100.00
石化	4	0	0
冶金	6	5	83.33
水运	6	4	66.67
石油	1	1	100.00
化工	3	1	33.33
核工业	1	0	0

续表

行业、大型央企	申报企业数(家)	入选企业数(家)	入选率(%)
有色	2	1	50.00
解放军	3	0	0
中国建筑工程总公司	1	1	100.00

2.5.2.2 成长性百强申报情况

1. 资质分布

申报2011年度成长性百强评价的共有164家企业，入选率为60.98%。申报和入选企业的资质分布情况如表2-9所示。

申报和入选成长性百强企业的资质分布情况　　表2-9

企业资质	申报企业数(家)	入选企业数(家)	入选率(%)
一级	148	99	66.89
二级	14	1	7.14
三级	2	0	0

2. 地区分布

共有28个省、自治区、直辖市建筑业协会参与成长性百强企业的资料初审和推荐工作，辽宁、青海和西藏三省、自治区未申报。通过各省、自治区、直辖市建筑业协会初审和推荐，申报成长性百强的企业共150家，入选91家，入选率为60.67%。申报和入选企业的地区分布情况如表2-10所示。

申报和入选成长性百强企业的地区分布情况　　表2-10

| 地区 | 申报企业数(家) | 入选企业数(家) | 入选率(%) |
	本年度申报	本年度入选	本年度入选率
北京	2	2	100.00
上海	4	4	100.00
天津	2	2	100.00
重庆	6	4	66.67
河北	1	1	100.00

续表

地区	申报企业数（家）本年度申报	入选企业数（家）本年度入选	入选率（%）本年度入选率
山西	1	0	0.00
内蒙古	13	1	7.69
吉林	1	0	0
黑龙江	1	0	0
江苏	15	11	73.33
浙江	11	11	100.00
安徽	20	9	45.00
福建	5	3	60.00
江西	2	2	100.00
山东	16	12	75.00
河南	3	3	100.00
湖北	1	0	0
湖南	5	4	80.00
广东	6	2	33.33
广西	4	2	50.00
海南	1	1	100.00
四川	4	4	100.00
贵州	1	0	0
云南	9	2	22.22
陕西	13	10	76.92
甘肃	1	1	100.00
宁夏	1	0	0
新疆	1	0	0

从表 2-10 可以看出，山东以 12 家企业入选排在第 1 位，江苏、浙江分别以 11 家企业入选并列排在第 2 位，陕西以 10 家企业入选排在第 4 位。其他地区的入选企业数均小于 5 家。从申报情况看，申报企业数排在前 5 位的地区分别是安徽、山东、江苏、陕西和内蒙古。

3. 行业分布

2011 年度成长性百强评价，共有 7 个行业建设协会参与了资料初审和推荐工作。通过各行业建设协会初审和评价，申报成长性百强的企业共14家，入选9家，入选率为64.29%。申报企业的行业分布情况如表2-11所示。

申报和入选成长性百强企业的行业分布情况　　　　表2-11

行业、大型央企	申报企业数（家）	入选企业数（家）	入选率（%）
石化	5	3	60.00
冶金	1	1	100.00
水运	2	2	100.00
石油	1	1	100.00
化工	1	1	100.00
有色	1	1	100.00
解放军	3	0	0

2.5.3　2011年度中国建筑业双百强企业排行榜

2.5.3.1　2011年度中国建筑业企业竞争力百强排行榜

按照本章介绍的评价办法，中国建筑业协会组织进行了2011年度中国建筑业企业竞争力百强评价工作，经评价确定的2011年度中国建筑业企业竞争力百强排行榜如表2-12所列。

2011年度中国建筑业企业竞争力百强排行榜　　　　表2-12

排名		企业名称	地区/行业	资质等级	位次变化
2011年度	2010年度				
1	2	中国建筑第八工程局有限公司	中建	特级	1
2	3	中建三局建设工程股份有限公司	湖北	特级	1
3	**	中国建筑第二工程局有限公司	北京	特级	
4	4	北京城建集团有限责任公司	北京	特级	0
5	**	中国建筑第五工程局有限公司	湖南	特级	
6	5	北京建工集团有限责任公司	北京	特级	−1
7	15	中交第一航务工程局有限公司	水运	特级	8
8	20	中国建筑第四工程局有限公司	广东	特级	12
9	37	中国建筑第七工程局有限公司	河南	特级	28

39

续表

排名 2011年度	排名 2010年度	企业名称	地区/行业	资质等级	位次变化
10	14	广西建工集团有限责任公司	广西	特级	4
11	9	中天建设集团有限公司	浙江	特级	−2
12	30	中国华西企业股份有限公司	四川	特级	18
13	19	重庆建工集团股份有限公司	重庆	特级	6
14	39	陕西建工集团总公司	陕西	特级	25
15	11	广东省建筑工程集团有限公司	广东	特级	−4
16	23	中交第三航务工程局有限公司	水运	特级	7
17	**	中铁五局(集团)有限公司	贵州	特级	
18	13	湖南省建筑工程集团总公司	湖南	特级	−5
19	8	青建集团股份公司	山东	特级	−11
20	18	江苏南通二建集团有限公司	江苏	特级	−2
21	33	安徽建工集团有限公司	安徽	特级	12
22	28	广州建筑股份有限公司	广东	特级	6
23	**	中国建筑第六工程局有限公司	天津	特级	
24	71	甘肃省建设投资(控股)集团总公司	甘肃	特级	47
25	35	江苏省苏中建设集团股份有限公司	江苏	特级	10
26	40	江苏南通三建集团有限公司	江苏	特级	14
27	58	江苏江都建设集团有限公司	江苏	特级	31
28	25	上海隧道工程股份有限公司	上海	特级	−3
29	41	中冶天工集团有限公司	冶金	特级	12
30	32	天津市建工集团(控股)有限公司	天津	特级	2
31	51	中国一冶集团有限公司	冶金	一级	20
32	**	河南国基建设集团有限公司	河南	特级	
33	**	沈阳远大铝业工程有限公司	辽宁	一级	
34	**	新疆生产建设兵团建设工程(集团)有限责任公司	新疆	一级	
35	**	中交天津航道局有限公司	水运	一级	
36	75	江苏南通六建建设集团有限公司	江苏	特级	39
37	27	上海宝冶集团有限公司	冶金	特级	−10
38	36	苏州金螳螂企业(集团)有限公司	江苏	一级	−2

续表

排名 2011年度	排名 2010年度	企业名称	地区/行业	资质等级	位次变化
39	42	中煤矿山建设集团有限责任公司	安徽	特级	3
40	**	大庆油田建设集团有限责任公司	石油	特级	
41	**	中国水利水电第十四工程局有限公司	云南	特级	
42	26	南通四建集团有限公司	江苏	特级	-16
43	63	中国十五冶金建设集团有限公司	有色	特级	20
44	61	安徽省外经建设(集团)有限公司	安徽	一级	17
45	34	中国五冶集团有限公司	冶金	特级	-11
46	54	浙江宝业建设集团有限公司	浙江	特级	8
47	70	中国核工业华兴建设有限公司	核建	特级	23
48	52	南通建筑工程总承包有限公司	江苏	特级	4
49	84	上海建工四建集团有限公司	上海	特级	35
50	**(11)	江苏邗建集团有限公司	江苏	一级	
51	47	福建建工集团总公司	福建	特级	-4
52	62	龙元建设集团股份有限公司	浙江	特级	10
53	81	中国江苏国际经济技术合作公司	江苏	一级	28
54	91	贵州建工集团有限公司	贵州	特级	37
55	57	江苏省华建设股份有限公司	江苏	特级	2
56	**	中建环球建设集团有限公司	安装	一级	
57	46	上海建工七建集团有限公司	上海	特级	-11
58	95	黑龙江省建工集团有限责任公司	黑龙江	特级	37
59	**	浙江海天建设集团有限公司	浙江	特级	
60	**	江西省建工集团公司	江西	特级	
61	**	江苏省金陵建工集团有限公司	江苏	特级	
62	**(13)	江苏省建筑工程集团有限公司	江苏	一级	
63	**	中冶建工集团有限公司	重庆	一级	
64	65	苏州二建建筑集团有限公司	江苏	特级	1
65	**	新八建设集团有限公司	湖北	特级	
66	86	南通建工集团股份有限公司	江苏	特级	20
67	**	正太集团有限公司	江苏	特级	

续表

排名 2011年度	排名 2010年度	企业名称	地区/行业	资质等级	位次变化
68	43	天津二十冶建设有限公司	天津	一级	-25
69	**	新七建设集团有限公司	湖北	一级	
70	80	北京市政建设集团有限责任公司	北京	特级	10
71	**	南京宏亚建设集团有限公司	江苏	一级	
72	**	湖南高岭建设集团股份有限公司	湖南	特级	
73	**	山河建设集团有限公司	湖北	特级	
74	**	五洋建设集团股份有限公司	浙江	特级	
75	92	烟建集团有限公司	山东	特级	17
76	82	南通华新建工集团有限公司	江苏	特级	6
77	**(3)	中化二建集团有限公司	化工	一级	
78	74	宏润建设集团股份有限公司	浙江	一级	-4
79	**	中国有色金属工业第十四冶金建设公司	云南	一级	
80	60	江苏省盐阜建设集团有限公司	江苏	一级	-20
81	87	江苏江中集团有限公司	江苏	特级	6
82	**	上海建工二建集团有限公司	上海	特级	
83	**	重庆中科建设(集团)有限公司	重庆	一级	
84	**	上海建工五建集团有限公司	上海	特级	
85	**	江苏中兴建设有限公司	江苏	特级	
86	**	龙建路桥股份有限公司	黑龙江	特级	
87	**	方远建设集团股份有限公司	浙江	特级	
88	**	浙江中南建设集团有限公司	浙江	特级	
89	**	南通新华建筑集团有限公司	江苏	特级	
90	**	中冶宝钢技术服务有限公司	冶金	一级	
91	**	长业建设集团有限公司	浙江	特级	
92	**	苏州第一建筑集团有限公司	江苏	特级	
93	**	中交四航局第二工程有限公司	水运	一级	
94	**	浙江勤业建工集团有限公司	浙江	特级	
95	**	中博建设集团有限公司	浙江	特级	
96	99	宁夏建工集团有限公司	宁夏	一级	3

续表

排名		企业名称	地区/行业	资质等级	位次变化
2011年度	2010年度				
97	**（25）	甘肃路桥建设集团有限公司	甘肃	一级	
98	**（23）	中国水电建设集团十五工程局有限公司	陕西	一级	
99	**	浙江舜江建设集团有限公司	浙江	特级	
100	**	重庆巨能建设(集团)有限公司	重庆	一级	

注：**表示该年度未上榜；括号中的数字为2010年度中国建筑业最具成长性企业百强排行榜中的位次。

从表2-12可以看出，2010年度上榜的竞争力百强企业中，有56家企业继续上榜，其中，排名上升的有39家，持平的1家，下降的16家。44家企业新进入竞争力百强排行榜，其中5家是2010年度成长性百强企业。

2.5.3.2 2011年度中国建筑业最具成长性企业百强排行榜

按照本章介绍的评价办法，中国建筑业协会组织进行了2011年度中国建筑业最具成长性企业百强评价工作，经评价确定的2011年度中国建筑业最具成长性企业百强排行榜如表2-13所列。

2011年度中国建筑业最具成长性企业百强排行榜　　　表2-13

排名		企业名称	地区/行业	资质等级	位次变化
2011年度	2010年度				
1	4	中建工业设备安装有限公司	江苏	一级	3
2	16	华太建设集团有限公司	浙江	一级	14
3	36	广西建工集团第一级建筑工程有限责任公司	广西	一级	33
4	17	山东德建集团有限公司	山东	一级	13
5	39	安徽三建工程有限公司	安徽	一级	34
6	10	陕西建工集团第五建筑工程有限公司	陕西	一级	4
7	65	浙江天工建设集团有限公司	浙江	一级	58
8	20	江苏金土木建设集团有限公司	江苏	一级	12
9	9	中石化南京工程有限公司	石化	一级	0
10	**	安徽水利开发股份有限公司	安徽	一级	

续表

排名		企业名称	地区/行业	资质等级	位次变化
2011年度	2010年度				
11	**	中交三航局第三工程有限公司	水运	一级	
12	63	山东兴润建设有限公司	山东	一级	51
13	**	江苏省交通工程集团有限公司	水运	一级	
14	**	浙江博元建设股份有限公司	浙江	一级	
15	**	中国能源建设集团安徽电力建设第二工程公司	安徽	一级	
16	18	浙江鸿翔建设集团有限公司	浙江	一级	2
17	40	陕西建工集团第一建筑工程有限公司	陕西	一级	23
18	30	天津三建建筑工程有限公司	天津	一级	12
19	53	常州第一建筑集团有限公司	江苏	一级	34
20	**	十一冶建设集团有限责任公司	有色	一级	
21	**	济南城建集团有限公司	山东	一级	
22	37	南京大地建设集团有限责任公司	江苏	一级	15
23	29	威海建设集团股份有限公司	山东	一级	6
24	43	济南四建(集团)有限责任公司	山东	一级	19
25	48	巨匠建设集团有限公司	浙江	一级	23
26	59	标力建设集团有限公司	浙江	一级	33
27	**	济南二建集团工程有限公司	山东	一级	
28	41	中石化第四建设有限公司	石化	一级	13
29	**	安徽湖滨建设集团有限公司	安徽	一级	
30	42	陕西省第三建筑工程公司	陕西	一级	12
31	**	中铁一局集团建筑安装工程有限公司	陕西	一级	
32	74	山东三箭建设工程股份有限公司	山东	一级	42
33	21	河南省大成建设工程有限公司	河南	一级	−12
34	64	广东金辉华集团有限公司	广东	一级	30
35	**	山东莱钢建设有限公司	冶金	一级	
36	**	舜元建设(集团)有限公司	上海	二级	
37	**	陕西建工集团设备安装工程有限公司	陕西	一级	
38	**	江苏省江建集团有限公司	江苏	一级	
39	54	广西壮族自治区冶金建设公司	广西	一级	15

续表

排名		企业名称	地区/行业	资质等级	位次变化
2011年度	2010年度				
40	**	南通华荣建设集团有限公司	江苏	一级	
41	14	重庆恒滨建设(集团)有限公司	重庆	一级	-27
42	**	中国化学工程第十三建设有限公司	化工	一级	
43	**	河南省第二建设集团有限公司	河南	一级	
44	**	大元建业集团股份有限公司	河北	一级	
45	**	上海港务工程公司	上海	一级	
46	**	南京润盛建设集团有限公司	江苏	一级	
47	**	河南三建建设集团有限公司	河南	一级	
48	70	安徽华力建设集团有限公司	安徽	一级	22
49	**	南通市达欣工程股份有限公司	江苏	一级	
50	**	大秦建设集团有限责任公司	陕西	一级	
51	**	云南路桥股份有限公司	云南	一级	
52	**	成都市第四建筑工程公司	四川	一级	
53	73	中标建设集团有限公司	福建	一级	20
54	**	江苏扬州建工建设集团有限公司	江苏	一级	
55	**	江西省发达建筑集团有限公司	江西	一级	
56	**	重庆远海建工(集团)有限公司	重庆	一级	
57	**	甘肃省长城建设集团总公司	甘肃	一级	
58	**	山东起凤建工股份有限公司	山东	一级	
59	**	宏峰集团(福建)有限公司	福建	一级	
60	**	新世纪建设集团有限公司	浙江	一级	
61	27	中城建第六工程局集团有限公司	安徽	一级	34
62	61	中国新兴保信建设总公司	北京	一级	-1
63	**	中元建设集团股份有限公司	浙江	一级	
64	**	中原石油勘探局工程建设总公司	石化	一级	
65	**	江西建工第二建筑有限责任公司	江西	一级	
66	**	重庆对外建设(集团)有限公司	重庆	一级	
67	**	天津二建建筑工程有限公司	天津	一级	
68	90	深圳市宝鹰建设集团股份有限公司	广东	一级	22

45

续表

排名		企业名称	地区/行业	资质等级	位次变化
2011年度	2010年度				
69	**	华润建筑有限公司	北京	一级	
70	**	陕西建工集团第二建筑工程有限公司	陕西	一级	
71	**	安徽水安建设集团股份有限公司	安徽	一级	
72	**	中铁四局集团建筑工程有限公司	安徽	一级	
73	97	济南一建集团总公司	山东	一级	24
74	**	云南省第二建筑工程公司	云南	一级	
75	**	山东金城建工有限公司	山东	一级	
76	**	四川省晟茂建设有限公司	四川	一级	
77	**	浙江金立建设有限公司	浙江	一级	
78	**	上海嘉实(集团)有限公司	上海	一级	
79	**	苏州美瑞德建筑装饰有限公司	江苏	一级	
80	93	湖南省衡州建设有限公司	湖南	一级	13
81	**	内蒙巨华集团大华建筑安装有限公司	内蒙古	一级	
82	**	伟基建设集团有限公司	浙江	一级	
83	**	重庆渝康建设(集团)有限公司	重庆	一级	
84	**	湖南省沙坪建筑有限公司	湖南	一级	
85	**	山东圣大建设集团有限公司	山东	一级	
86	**	辽河石油勘探局油田建设工程二公司	石油	一级	
87	83	陕西建工集团第八建筑工程有限公司	陕西	一级	－4
88	**	福建省工业设备安装有限公司	福建	一级	
89	**	浙江衢州建工集团有限公司	浙江	一级	
90	**	江苏扬安集团有限公司	江苏	一级	
91	**	成都市第八建筑工程公司	四川	一级	
92	**	陕西省咸阳市建筑安装工程总公司	陕西	一级	
93	**	上海森信建设工程有限公司	上海	一级	
94	**	山东平安建设集团有限公司	山东	一级	
95	**	四川鸥鹏建筑工程公司	四川	一级	
96	**	湖南德成建设工程有限公司	湖南	一级	
97	**	陕西恒业建设集团有限公司	陕西	一级	

续表

排名		企业名称	地区/行业	资质等级	位次变化
2011年度	2010年度				
98	**	海南建设工程股份有限公司	海南	一级	
99	**	湖南东方红建设集团有限公司	湖南	一级	
100	**	安徽鲁班建设投资集团有限公司	安徽	一级	

注：**表示该年度未上榜。

从表2-13可以看出，2010年度上榜的成长性百强企业中，有34家企业继续上榜，其中，排名上升的有20家，持平的1家，下降的3家。66家企业新进入2011年度成长性百强排行榜。

第3章 2011年度中国建筑业企业竞争力百强分析

3.1 竞争力百强总体情况

3.1.1 竞争力百强排行基本情况

3.1.1.1 竞争力百强竞争力指数分布情况

入选2011年度中国建筑业企业竞争力百强(以下简称竞争力百强)的100家企业中,中国建筑第八工程局有限公司以竞争力指数4.03470220位居榜首。竞争力指数位列第二名到第十名的企业为:中建三局建设工程股份有限公司、中国建筑第二工程局有限公司、北京城建集团有限责任公司、中国建筑第五工程局有限公司、北京建工集团有限责任公司、中交第一航务工程局有限公司、中国建筑第四工程局有限公司、中国建筑第七工程局有限公司和广西建工集团有限责任公司。竞争力百强各公司得分曲线如图3-1所示。从图3-1可以看出,排名前26家公司得分差距较大,相比之下后74家公司得分差距很小。说明前26家企业的竞争力差距较大,其他百强企业的竞争力差距相对较小。

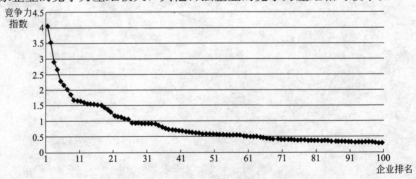

图3-1 竞争力百强竞争力指数曲线

3.1.1.2 竞争力百强企业资质分布状况

从企业资质来看，入选竞争力百强的100家企业中，有特级资质企业75家，占竞争力百强企业的75%；一级资质企业25家，占竞争力百强企业的25%。特级资质的建筑企业占据了竞争力百强的四分之三，说明总体上看特级资质的建筑企业竞争力相对较强。

3.1.1.3 竞争力百强企业地区分布状况

从地区分布来看，入选竞争力百强的100家企业中，有85家地方企业，来自24个省、直辖市和自治区，如图3-2所示。入围前三甲的地区及排序与2010年度完全相同。其中江苏省企业入围数量为23家，占地方企业的27.06%，名列第一；其次是浙江省，入围12家企业，占地方百强入围企业的14.12%；上海排在第三位，入围企业数量为5家，占地方百强入围企业的5.88%。北京、重庆、湖北并列排在第四位，入围企业数量为4家，各占百强地方入围企业的4.71%。

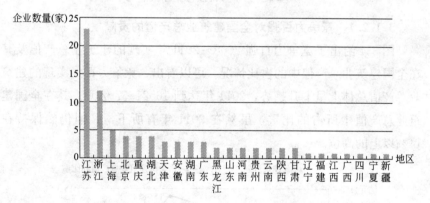

图3-2 竞争力百强地区分布状况

3.1.1.4 竞争力百强企业行业分布状况

从行业分布来看，入选竞争力百强的100家企业中，有15家行业企业，占总入围企业数量的15%。其中，冶金行业所占企业数量最多，为5家，占行业入围企业的33.33%，占竞争力百强数量的5%；其次是水运行业，入围竞争力百强的企业有4家，占行业入围企业总数的26.67%，占竞争力百强的4%。前两名的位次与2010年度相同。参见图3-3。

3.1.2 竞争力百强在建筑业发展中的作用

建筑业是我国国民经济中一个重要的支柱产业，竞争力百强在其总体发展中占有举足轻重的地位，发挥着行业引领的作用。

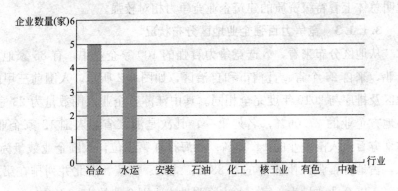

图 3-3 竞争力百强行业分布情况

3.1.2.1 竞争力百强对全国建筑业总产值的贡献

图 3-4 给出了竞争力百强 2008～2011 年实现的建筑业总产值及其在全国建筑业总产值中的占比情况。可以看出，竞争力百强实现的建筑业总产值总体上呈上升趋势，2011 年达到 16521.67 亿元。其在全国建筑业总产值中所占的比重，虽然在 2011 年有所下滑，但仍然保持在 14% 以上的高位。

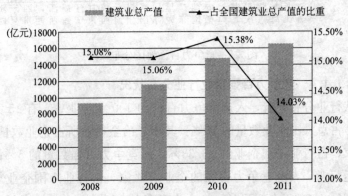

图 3-4 竞争力百强实现的建筑业总产值及其在全国建筑业总产值中的占比
注：2008～2010 年使用 2010 年度竞争力百强的数据，2011 年使用 2011 年度竞争力百强的数据。

3.1.2.2 竞争力百强对全国建筑业利润总额的贡献

图 3-5 给出了竞争力百强 2008~2011 年利润总额的实现情况及其在全国建筑业利润总额中的占比情况。可以看出,竞争力百强实现的利润总额总体上呈上升趋势,2011 年达到 490.8 亿元。其在全国建筑业利润总额中所占的比重,虽然在 2011 年略有下降,但仍然保持在 10% 以上的水平,达到 11.57%。

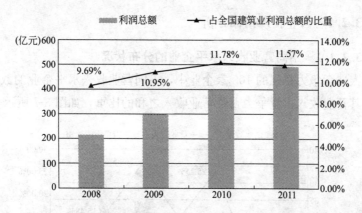

图 3-5 竞争力百强实现的利润总额及其在全国建筑业利润总额中的占比
注:2008~2010 年使用 2010 年度竞争力百强的数据,2011 年使用 2011 年度竞争力百强的数据。

3.1.2.3 竞争力百强对全国建筑业新签合同额的贡献

图 3-6 给出了竞争力百强 2008~2011 年的新签合同额及其在全国

图 3-6 竞争力百强新签合同额及其在全国建筑业新签合同额中的占比
注:2008~2010 年使用 2010 年度竞争力百强的数据,2011 年使用 2011 年度竞争力百强的数据。

建筑业新签合同额中的占比情况。可以看出，竞争力百强的新签合同额，在 2011 年略有下降，为 22651.46 亿元。其在全国建筑业新签合同额中所占的比重呈现波动状态，但在 2011 年，仍然保持在 17.85% 的较高水平。

3.2 竞争力百强规模分析

3.2.1 营业收入指标分析

3.2.1.1 不同营业收入水平企业的分布状况

入选竞争力百强的 100 家企业中，不同营业收入水平企业的数量分布及其营业收入占竞争力百强营业收入之和的比重，如图 3-7 所示。

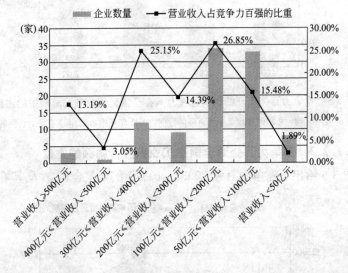

图 3-7 不同营业收入水平企业的数量分布及其营业收入占竞争力百强的比重

由图 3-7 可以看出，营业收入超过 500 亿元的企业数量占竞争力百强的 3%，但其营业收入占竞争力百强的 13.19%；营业收入在 400 亿元到 500 亿元之间的企业数量占竞争力百强的 1%，但其营业收入占到了竞争力百强的 3.05%；营业收入在 300 亿~400 亿元之间的企业数量占竞争力百强的 12%，但其营业收入占竞争力百强的 25.15%；营业收入在 200 亿~300 亿元之间的企业数量占竞争力百强的 9%，但其营业收入占竞争力百强的14.39%;营业收入在100亿~200亿元之间的企业数量占竞争力百强的34%,但其营业收入只占竞争力百强的26.85%;营业收入在50亿~100亿元之间的企业数量占竞争力百强的33%,但其营业收入只占竞争力百强的15.48%;营业收入在50亿元以下的企业数量占竞争力百强的8%,但其营业收入只占竞争力百强的1.89%。

3.2.1.2 营业收入前10强

入选竞争力百强的100家企业中,营业收入位列前10名的企业如表3-1所示。

2011年营业收入位列前10名的企业　　　　　　表3-1

序号	百强名次	企业名称	营业收入(万元)
1	2	中建三局建设工程股份有限公司	7268919
2	1	中国建筑第八工程局有限公司	7233479
3	3	中国建筑第二工程局有限公司	6280796
4	5	中国建筑第五工程局有限公司	4812779
5	13	重庆建工集团股份有限公司	3947090
6	7	中交第一航务工程局有限公司	3733322
7	8	中国建筑第四工程局有限公司	3579647
8	12	中国华西企业股份有限公司	3422523
9	10	广西建工集团有限责任公司	3356827
10	18	湖南省建筑工程集团总公司	3138910

2011年营业收入前10强企业的营业收入总额为46774292万元,占竞争力百强营业收入之和的29.68%,比前10强企业数量占比高出了19.68个百分点。其中位居第一的中建三局建设工程股份有限公司实现营业收入7268919万元,占竞争力百强营业收入之和的4.61%。

3.2.2 建筑业总产值指标分析

3.2.2.1 不同建筑业总产值水平企业的分布状况

入选竞争力百强的100家企业中,不同建筑业总产值水平企业的数量分布及其建筑业总产值占竞争力百强建筑业总产值之和的比重,如

图 3-8 所示。

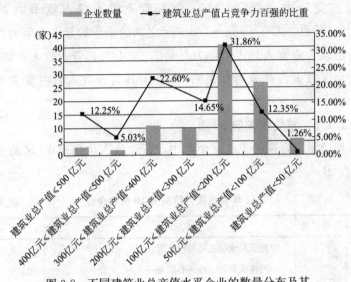

图 3-8　不同建筑业总产值水平企业的数量分布及其
建筑业总产值占竞争力百强的比重

由图 3-8 可以看出，建筑业总产值超过 500 亿元的企业数量占竞争力百强的 3%，但其建筑业总产值占竞争力百强的 12.25%；建筑业总产值在 400 亿～500 亿元之间的企业数量占竞争力百强的 2%，但其建筑业总产值占竞争力百强的 5.03%；建筑业总产值在 300 亿～400 亿元之间的企业数量占竞争力百强的 11%，但其建筑业总产值占竞争力百强的 22.60%；建筑业总产值在 200 亿～300 亿元之间的企业数量占竞争力百强的 10%，但其建筑业总产值占竞争力百强的 14.65%；建筑业总产值在 100 亿～200 亿元之间的企业数量占竞争力百强的 41%，但其建筑业总产值只占竞争力百强的 31.86%；建筑业总产值在 50 亿～100 亿元之间的企业数量占竞争力百强的 27%，但其建筑业总产值只占竞争力百强的 12.35%；建筑业总产值在 50 亿元以下的企业数量占竞争力百强的 6%，但其建筑业总产值只占竞争力百强的 1.26%。

3.2.2.2　建筑业总产值前 10 强

入选竞争力百强的 100 家企业中，建筑业总产值位列前 10 名的企业如表 3-2 所示。

2011 年建筑业总产值位列前 10 名的企业　　　　表 3-2

序号	百强名次	企业名称	建筑业总产值(万元)
1	1	中国建筑第八工程局有限公司	7233479
2	2	中建三局建设工程股份有限公司	6825651
3	3	中国建筑第二工程局有限公司	6182195
4	5	中国建筑第五工程局有限公司	4259217
5	18	湖南省建筑工程集团总公司	4050264
6	12	中国华西企业股份有限公司	3772125
7	4	北京城建集团有限责任公司	3701402
8	13	重庆建工集团股份有限公司	3678249
9	8	中国建筑第四工程局有限公司	3517890
10	7	中交第一航务工程局有限公司	3472854

2011 年建筑业总产值前 10 强企业的建筑业总产值总额为 46693326 万元，占竞争力百强企业总产值之和的 28.26%，比前 10 强企业数量占比高出了 18.26 个百分点。其中位居第一的中国建筑第八工程局有限公司完成建筑业总产值 7233479 万元，占竞争力百强建筑业总产值之和的 4.38%。

3.2.3　境外营业额指标分析

3.2.3.1　不同境外营业额水平企业的分布状况

入选竞争力百强的 100 家企业中，不同境外营业额水平企业的数量分布及其境外营业额占竞争力百强境外营业额之和的比重，如图 3-9 所示。

由图 3-9 可以看出，境外营业额超过 50 亿元的企业数量占竞争力百强的 3%，但其境外营业额占竞争力百强的 23.07%；境外营业额在 30 亿～40 亿元之间的企业数量占竞争力百强的 7%，但其境外营业额占竞争力百强的 30.84%；境外营业额在 20 亿～30 亿元之间的企业数量占竞争力百强的 4%，但其境外营业额占竞争力百强的 11.66%；境外营业额在 10 亿～20 亿元之间的企业数量占竞争力百强的 10%，但其境外营业额占竞争力百强的 16.29%；境外营业额在 5 亿～10 亿元之间的企业数量占竞争力百强的 8%，其境外营业额占竞争力百强的 8.40%；境外营业额在 1 亿～5 亿元之间的企业数量占竞争力百强的

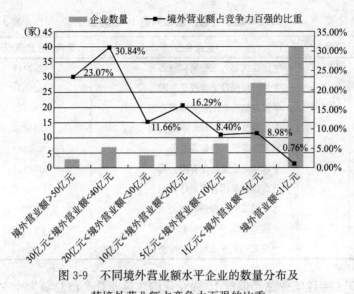

图 3-9 不同境外营业额水平企业的数量分布及
其境外营业额占竞争力百强的比重

28%，但其境外营业额只占竞争力百强的 8.98%；境外营业额在 1 亿元以下的企业数量占竞争力百强的 40%，但其境外营业额只占竞争力百强的 0.76%，其中 28 家企业没有境外营业额。

3.2.3.2 境外营业额前 10 强

入选竞争力百强的 100 家企业中，境外营业额位列前 10 名的企业如表 3-3 所示。

2011 年境外营业额位列前 10 名的企业　　　　表 3-3

序号	百强名次	企业名称	境外营业额（万元）
1	36	江苏南通六建建设集团有限公司	681496
2	19	青建集团股份公司	589509
3	32	河南国基建设集团有限公司	560974
4	53	中国江苏国际经济技术合作公司	390241
5	33	沈阳远大铝业工程有限公司	361991
6	27	江苏江都建设集团有限公司	360400
7	43	中国十五冶金建设集团有限公司	357893
8	41	中国水利水电第十四工程局有限公司	342144
9	48	南通建筑工程总承包有限公司	324800
10	6	北京建工集团有限责任公司	311763

2011年境外营业额前10强企业的境外营业额总额为4281210万元，占竞争力百强境外营业额之和的53.91%，比前10强企业数量占比高出了43.91个百分点。其中位居第一的江苏南通六建建设集团有限公司完成境外营业额681496万元，占竞争力百强境外营业额之和的8.58%。

3.2.4 新签合同额指标分析

3.2.4.1 不同新签合同额水平企业的分布状况

入选竞争力百强的100家企业中，不同新签合同额水平企业的数量分布及其新签合同额占竞争力百强新签合同额之和的比重，如图3-10所示。

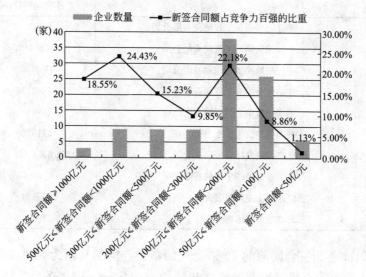

图3-10 不同新签合同额水平企业的数量分布及
其新签合同额占竞争力百强的比重

由图3-10可以看出，新签合同额超过1000亿元的企业数量占竞争力百强的3%，但其新签合同额占到了竞争力百强的18.55%；新签合同额在500亿～1000亿元之间的企业数量占竞争力百强的9%，但其新签合同额占到了竞争力百强的24.43%；新签合同额在300亿～500亿元之间的企业数量占竞争力百强的9%，但其新签合同额占到了竞争力百强的15.23%；新签合同额在200亿～300亿元之间的企业数量占竞争力百强的9%，其新签合同额占竞争力百强的9.85%；新签合同额在100亿～200亿元之间的企业数量占竞争力百强的38%，但其新签合同额仅占竞争力百强的22.18%；新签合同额在50亿～100亿元之间的企业数量占竞争力百强的26%，但其新签合同额只占竞争力百强的8.86%；新签合同额在50亿元以下的企业数量占竞争力百强的6%，但其新签合同额只占竞争力百强的1.13%。

3.2.4.2 新签合同额前10强

入选竞争力百强的100家企业中，新签合同额位列前10名的企业如表3-4所示。

2011年新签合同额位列前10名的企业　　表3-4

序号	百强名次	企业名称	新签合同额(万元)
1	2	中建三局建设工程股份有限公司	16251284
2	1	中国建筑第八工程局有限公司	13894456
3	3	中国建筑第二工程局有限公司	11880000
4	5	中国建筑第五工程局有限公司	7862773
5	9	中国建筑第七工程局有限公司	7696513
6	18	湖南省建筑工程集团总公司	6213380
7	4	北京城建集团有限责任公司	6204928
8	8	中国建筑第四工程局有限公司	6160000
9	10	广西建工集团有限责任公司	5655733
10	6	北京建工集团有限责任公司	5383000

2011年新签合同额前10强企业的新签合同额总额为87202067万元，占竞争力百强新签合同额之和的38.50%，比前10强企业数量占比高出了28.50个百分点。其中位居第一的中建三局建设工程股份有限公司新签合同额16251284万元，占竞争力百强新签合同额之和的7.17%。

3.2.5 资产总计指标分析

3.2.5.1 不同资产总计水平企业的分布状况

入选竞争力百强的100家企业中，不同资产总计水平企业的数量分布及其资产总计占竞争力百强资产总计之和的比重,如图 3-11 所示。

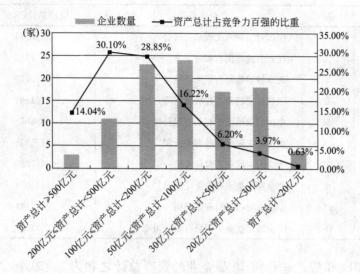

图 3-11　不同资产总计水平企业的数量分布及
其资产总计占竞争力百强的比重

由图 3-11 可以看出,资产总计超过 500 亿元的企业数量占竞争力百强的 3%,但其资产总计占到了竞争力百强的 14.04%;资产总计在 200 亿~500 亿元之间的企业数量占竞争力百强的 11%,但其资产总计占到了竞争力百强的 30.10%;资产总计在 100 亿~200 亿元之间的企业数量占竞争力百强的 23%,但其资产总计占到了竞争力百强的 28.85%;资产总计在 50 亿~100 亿元之间的企业数量占竞争力百强的 24%,但其资产总计仅占竞争力百强的 16.22%;资产总计在 30 亿~50 亿元之间的企业数量占竞争力百强的 17%,但其资产总计仅占竞争力百强的 6.20%;资产总计在 20 亿~30 亿元之间的企业数量占竞争力百强的 18%,但其资产总计仅占竞争力百强的 3.97%;资产总计在 20 亿元以下的企业数量占竞争力百强的 4%,但其资产总计仅占竞争力百强的 0.63%。

3.2.5.2　资产总计前 10 强

入选竞争力百强的 100 家企业中,资产总计位列前 10 名的企业如表 3-5 所示。

2011 年资产总计位列前 10 名的企业　　　　　　　表 3-5

序号	百强名次	企业名称	资产总计(万元)
1	1	中国建筑第八工程局有限公司	5518281
2	50	江苏邗建集团有限公司	5147682
3	4	北京城建集团有限责任公司	5119739
4	2	中建三局建设工程股份有限公司	4331891
5	3	中国建筑第二工程局有限公司	3956875
6	13	重庆建工集团股份有限公司	3755928
7	7	中交第一航务工程局有限公司	3437029
8	6	北京建工集团有限责任公司	3344024
9	17	中铁五局(集团)有限公司	2715442
10	16	中交第三航务工程局有限公司	2532480

　　2011 年资产总计前 10 强企业的资产总计之和为 39859370 万元，占竞争力百强资产总计之和的 35.45%，比前 10 强企业数量占比高出了 25.45 个百分点。其中位居第一的中国建筑第八工程局有限公司资产总计为 5518281 万元，占竞争力百强资产总计之和的 4.91%。

3.3　竞争力百强效益分析

3.3.1　利润总额指标分析

3.3.1.1　不同利润总额水平企业的分布状况

　　入选竞争力百强的 100 家企业中，不同利润总额水平企业的数量分布及其利润总额占竞争力百强利润总额之和的比重，如图 3-12 所示。

　　由图 3-12 可以看出，利润总额超过 15 亿元的企业数量占竞争力百强的 8%，但其利润总额占到了竞争力百强的 27.66%；利润总额在 10 亿～15 亿元之间的企业数量占竞争力百强的 8%，但其利润总额占到了竞争力百强的 18.27%；利润总额在 5 亿～10 亿元之间的企业数量占竞争力百强的 17%，但其利润总额占到了竞争力百强的 23.29%；利润总额在 3 亿～5 亿元之间的企业数量占竞争力百强的 23%，但其利润总额仅占竞争力百强的 17.95%；利润总额在 2 亿～3 亿元之间的企业数量

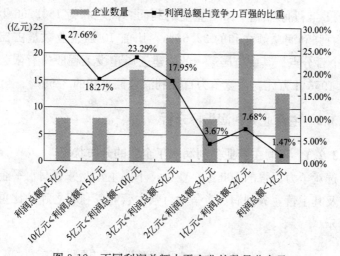

图 3-12 不同利润总额水平企业的数量分布及
其利润总额占竞争力百强的比重

占竞争力百强的 8%,但其利润总额仅占竞争力百强的 3.67%;利润总额在 1 亿~2 亿元之间的企业数量占竞争力百强的 23%,但其利润总额仅占竞争力百强的 7.68%;利润总额在 1 亿元以下的企业数量占竞争力百强的 13%,但其利润总额仅占竞争力百强的 1.47%。

3.3.1.2 利润总额前 10 强

入选竞争力百强的 100 家企业中,利润总额位列前 10 名的企业如表 3-6 所示。

2011 年利润总额位列前 10 名的企业　　表 3-6

序号	百强名次	企业名称	利润总额(万元)
1	2	中建三局建设工程股份有限公司	195644
2	1	中国建筑第八工程局有限公司	183580
3	44	安徽省外经建设(集团)有限公司	180653
4	20	江苏南通二建集团有限公司	170145
5	4	北京城建集团有限责任公司	166391
6	5	中国建筑第五工程局有限公司	160208
7	3	中国建筑第二工程局有限公司	150608
8	8	中国建筑第四工程局有限公司	150397
9	35	中交天津航道局有限公司	123882
10	56	中建环球建设集团有限公司	121258

2011年利润总额前10强企业的利润总额之和为1602766万元，占竞争力百强利润总额之和的32.66%，比前10强企业数量占比高出了22.66个百分点。其中位居第一的中建三局建设工程股份有限公司利润总额为195644万元，占竞争力百强利润总额之和的3.99%。

3.3.2 主营业务利润指标分析

3.3.2.1 不同主营业务利润水平企业的分布状况

入选竞争力百强的100家企业中，不同主营业务利润水平企业的数量分布及其主营业务利润占竞争力百强主营业务利润之和的比重，如图3-13所示。

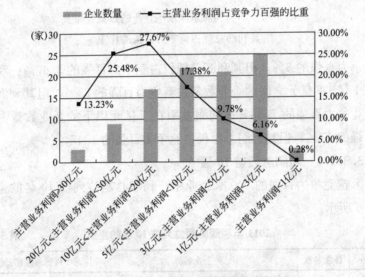

图3-13 不同主营业务利润水平企业的数量分布及其主营业务利润占竞争力百强的比重

由图3-13可以看出，主营业务利润超过30亿元的企业数量占竞争力百强的3%，但其主营业务利润占到了竞争力百强的13.23%；主营业务利润在20亿~30亿元之间的企业数量占竞争力百强的9%，但其主营业务利润占到了竞争力百强的25.48%；主营业务利润在10亿~20亿元之间的企业数量占竞争力百强的17%，但其主营业务利润占到了竞争力百强的27.67%；主营业务利润在5亿~10亿元之间的企业数量占竞争力百强的 22%，但其主营业务利润仅占竞争力百强的 17.38%；主营业务利润在 3 亿~5 亿元之间的企业数量占竞争力百强的 21%，但其主营业务利润仅占竞争力百强的 9.78%；主营业务利润在 1 亿~3 亿元之间的企业数量占竞争力百强的 25%，但其主营业务利润仅占竞争力百强的 6.16%；主营业务利润在 1 亿元以下的企业数量占竞争力百强的 3%，但其主营业务利润仅占竞争力百强的 0.28%。

3.3.2.2 主营业务利润前 10 强

入选竞争力百强的 100 家企业中，主营业务利润位列前 10 名的企业如表 3-7 所示。

2011 年主营业务利润位列前 10 名的企业　　　　表 3-7

序号	百强名次	企业名称	主营业务利润(万元)
1	4	北京城建集团有限责任公司	427524
2	1	中国建筑第八工程局有限公司	375682
3	2	中建三局建设工程股份有限公司	341108
4	3	中国建筑第二工程局有限公司	295211
5	7	中交第一航务工程局有限公司	295111
6	6	北京建工集团有限责任公司	263183
7	20	江苏南通二建集团有限公司	247546
8	33	沈阳远大铝业工程有限公司	230602
9	17	中铁五局(集团)有限公司	221943
10	21	安徽建工集团有限公司	219298

2011 年主营业务利润前 10 强企业的主营业务利润之和为 2917208 万元，占竞争力百强主营业务利润之和的 33.73%，比前 10 强企业数量占比高出了 23.73 个百分点。其中位居第一的北京城建集团有限责任公司主营业务利润为 427524 万元，占竞争力百强主营业务利润之和的 4.94%。

3.3.3 主营业务税金及附加指标分析

3.3.3.1 不同主营业务税金及附加水平企业的分布状况

入选竞争力百强的 100 家企业中，不同主营业务税金及附加水平企业的数量分布及其主营业务税金及附加占竞争力百强主营业务税金及附加之和的比重，如图3-14所示。

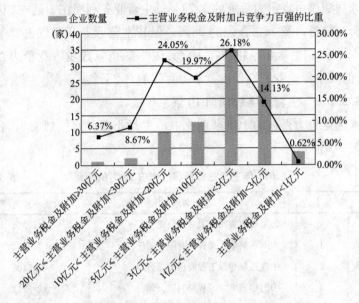

图3-14 不同主营业务税金及附加水平企业的数量分布及其主营业务税金及附加占竞争力百强的比重

由图3-14可以看出，主营业务税金及附加超过30亿元的企业数量占竞争力百强的1%，但其主营业务税金及附加占到了竞争力百强的6.37%；主营业务税金及附加在20亿～30亿元之间的企业数量占竞争力百强的2%，但其主营业务税金及附加占到了竞争力百强的8.67%；主营业务税金及附加在10亿～20亿元之间的企业数量占竞争力百强的10%，但其主营业务税金及附加占到了竞争力百强的24.05%；主营业务税金及附加在5亿～10亿元之间的企业数量占竞争力百强的13%，但其主营业务税金及附加占到了竞争力百强的19.97%；主营业务税金及附加在3亿～5亿元之间的企业数量占竞争力百强的35%，但其主营业务税金及附加仅占竞争力百强的26.18%；主营业务税金及附加在1亿～3亿元之间的企业数量占竞争力百强的35%，但其主营业务税金及附加仅占竞争力百强的14.13%；主营业务税金及附加在1亿元以下的企业数量占竞争力百强的4%，但其主营业务税金及附加仅占竞争力百强的 0.62%。

3.3.3.2 主营业务税金及附加前 10 强

入选竞争力百强的 100 家企业中，主营业务税金及附加位列前 10 名的企业如表 3-8 所示。

2011 年主营业务税金及附加位列前 10 名的企业　　　表 3-8

序号	百强名次	企业名称	主营业务税金及附加(万元)
1	24	甘肃省建设投资(控股)集团总公司	327749
2	1	中国建筑第八工程局有限公司	230508
3	2	中建三局建设工程股份有限公司	215440
4	3	中国建筑第二工程局有限公司	198660
5	4	北京城建集团有限责任公司	142510
6	5	中国建筑第五工程局有限公司	131130
7	8	中国建筑第四工程局有限公司	119679
8	7	中交第一航务工程局有限公司	118135
9	13	重庆建工集团股份有限公司	114166
10	11	中天建设集团有限公司	106199

2011 年主营业务税金及附加前 10 强企业的主营业务税金及附加之和为 1704175 万元，占竞争力百强主营业务税金及附加之和的 33.13%，比前 10 强企业数量占比高出了 23.13 个百分点。其中位居第一的甘肃省建设投资(控股)集团总公司主营业务税金及附加为 327749 万元，占竞争力百强主营业务税金及附加之和的 6.37%。

3.4 竞争力百强科技与管理状况分析

3.4.1 人才数量指标分析

3.4.1.1 高级人才数合计指标分析

1. 不同高级人才数合计水平企业的分布状况

入选竞争力百强的 100 家企业中，不同高级人才数合计水平企业的数量分布及其高级人才数合计占竞争力百强高级人才数合计之和的比重，如图 3-15 所示。

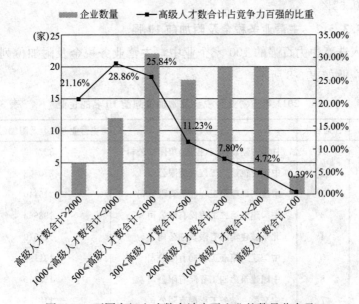

图 3-15　不同高级人才数合计水平企业的数量分布及
其高级人才数合计占竞争力百强的比重

由图 3-15 可以看出，高级人才数合计超过 2000 人的企业数量占竞争力百强的 5%，但其高级人才数合计占到了竞争力百强的 21.16%；高级人才数合计在 1000～2000 人之间的企业数量占竞争力百强的 12%，但其高级人才数合计占到了竞争力百强的 28.86%；高级人才数合计在 500～1000 人之间的企业数量占竞争力百强的 22%，其高级人才数合计占竞争力百强的 25.84%；高级人才数合计在 300～500 人之间的企业数量占竞争力百强的 18%，但其高级人才数合计仅占竞争力百强的 11.22%；高级人才数合计在 200～300 人之间的企业数量占竞争力百强的 20%，但其高级人才数合计仅占竞争力百强的 7.80%；高级人才数合计在 100～200 人之间的企业数量占竞争力百强的 20%，但其高级人才数合计仅占竞争力百强的 4.72%；高级人才数合计在 100 人以下的企业数量占竞争力百强的 3%，但其高级人才数合计仅占竞争力百强的 0.39%。

2. 高级人才数合计前 10 强

入选竞争力百强的 100 家企业中，高级人才数合计位列前 10 名的企业如表 3-9 所示。

2011 年高级人才数合计位列前 10 名的企业　　　表 3-9

序号	百强名次	企业名称	高级人才数合计(人)
1	4	北京城建集团有限责任公司	2839
2	1	中国建筑第八工程局有限公司	2820
3	2	中建三局建设工程股份有限公司	2649
4	10	广西建工集团有限责任公司	2580
5	6	北京建工集团有限责任公司	2354
6	3	中国建筑第二工程局有限公司	1945
7	15	广东省建筑工程集团有限公司	1724
8	18	湖南省建筑工程集团总公司	1700
9	14	陕西建工集团总公司	1674
10	9	中国建筑第七工程局有限公司	1650

2011 年高级人才数合计前 10 强企业的高级人才数合计之和为 21935 人，占竞争力百强高级人才数合计之和的 35.06%，比前 10 强企业数量占比高出了 25.06 个百分点。其中位居第一的北京城建集团有限责任公司高级人才数合计为 2839 人，占竞争力百强高级人才数合计之和的 4.53%。

3.4.1.2　中级人才数合计指标分析

1. 不同中级人才数合计水平企业的分布状况

入选竞争力百强的 100 家企业中，不同中级人才数合计水平企业的数量分布及其中级人才数合计占竞争力百强中级人才数合计之和的比重，如图 3-16 所示。

由图 3-16 可以看出，中级人才数合计超过 4000 人的企业数量占竞争力百强的 4%，但其中级人才数合计占到了竞争力百强的 15.33%；中级人才数合计在 3000～4000 人之间的企业数量占竞争力百强的 6%，但其中级人才数合计占到了竞争力百强的 16.77%；中级人才数合计在 2000～3000 人之间的企业数量占竞争力百强的 10%，其中级人才数合计占到了竞争力百强的 18.77%；中级人才数合计在 1000～2000 人之间的企业数量占竞争力百强的 23%，其中级人才数合计占竞争力百强

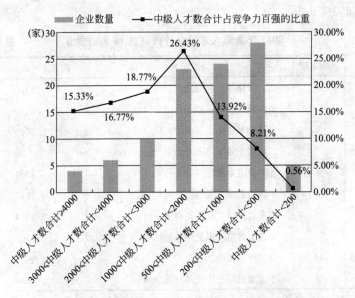

图 3-16 不同中级人才数合计水平企业的数量分布及
其中级人才数合计占竞争力百强的比重

的 26.43%；中级人才数合计在 500~1000 人之间的企业数量占竞争力百强的 24%，但其中级人才数合计仅占竞争力百强的 13.92%；中级人才数合计在 200~500 人之间的企业数量占竞争力百强的 28%，但其中级人才数合计仅占竞争力百强的 8.21%；中级人才数合计在 200 人以下的企业数量占竞争力百强的 5%，但其中级人才数合计仅占竞争力百强的 0.56%。

2. 中级人才数合计前 10 强

入选竞争力百强的 100 家企业中，中级人才数合计位列前 10 名的企业如表 3-10 所示。

2011 年中级人才数合计位列前 10 名的企业　　表 3-10

序号	百强名次	企业名称	中级人才数合计（人）
1	18	湖南省建筑工程集团总公司	5075
2	10	广西建工集团有限责任公司	4852
3	14	陕西建工集团总公司	4825
4	12	中国华西企业股份有限公司	4252

续表

序号	百强名次	企业名称	中级人才数合计(人)
5	4	北京城建集团有限责任公司	3782
6	1	中国建筑第八工程局有限公司	3744
7	13	重庆建工集团股份有限公司	3452
8	24	甘肃省建设投资(控股)集团总公司	3360
9	2	中建三局建设工程股份有限公司	3298
10	20	江苏南通二建集团有限公司	3157

2011年中级人才数合计前10强企业的中级人才数合计之和为39797人，占竞争力百强中级人才数合计之和的32.10%，比前10强企业数量占比高出了22.10个百分点。其中位居第一的湖南省建筑工程集团总公司中级人才数合计为5075人，占竞争力百强中级人才数合计之和的4.09%。

3.4.2 科技进步类奖项指标分析

3.4.2.1 科技进步类国家级奖项合计指标分析

1. 不同科技进步类国家级奖项合计水平企业的分布状况

入选竞争力百强的100家企业中，不同科技进步类国家级奖项合计水平企业的数量分布及其科技进步类国家级奖项合计占竞争力百强科技进步类国家级奖项合计之和的比重，如图3-17所示。

由图3-17可以看出，科技进步类国家级奖项合计超过50项的企业数量占竞争力百强的3%，但其科技进步类国家级奖项合计占到了竞争力百强的13.22%；科技进步类国家级奖项合计在30~50项之间的企业数量占竞争力百强的10%，但其科技进步类国家级奖项合计占到了竞争力百强的25.62%；科技进步类国家级奖项合计在20~30项之间的企业数量占竞争力百强的12%，但其科技进步类国家级奖项合计占到了竞争力百强的20.27%；科技进步类国家级奖项合计在10~20项之间的企业数量占竞争力百强的24%，但其科技进步类国家级奖项合计仅占竞争力百强的21.03%；科技进步类国家级奖项合计在5~10项之间的企业数量占竞争力百强的38%，但其科技进步类国家级奖项

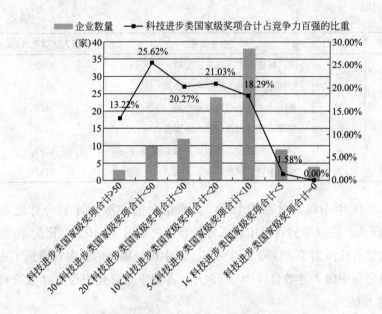

图 3-17 不同科技进步类国家级奖项合计水平企业的数量分布及其科技进步类国家级奖项合计占竞争力百强的比重

计仅占竞争力百强的 18.29%；科技进步类国家级奖项合计在 1~5 项之间的企业数量占竞争力百强的 9%，但其科技进步类国家级奖项合计仅占竞争力百强的 1.58%；还有 4 家企业科技进步类国家级奖项合计为 0。

2. 科技进步类国家级奖项合计前 10 强

入选竞争力百强的 100 家企业中，科技进步类国家级奖项合计位列前 10 名的企业如表 3-11 所示。

2009~2011 年科技进步类国家级奖项
合计位列前 10 名的企业　　　　表 3-11

序号	百强名次	企业名称	科技进步类国家级奖项合计（项）
1	31	中国一冶集团有限公司	82
2	1	中国建筑第八工程局有限公司	60
3	2	中建三局建设工程股份有限公司	51

70

续表

序号	百强名次	企业名称	科技进步类国家级奖项合计(项)
4	28	上海隧道工程股份有限公司	47
5	6	北京建工集团有限责任公司	41
6	15	广东省建筑工程集团有限公司	40
7	22	广州建筑股份有限公司	37
8	3	中国建筑第二工程局有限公司	36
9	7	中交第一航务工程局有限公司	36
10	8	中国建筑第四工程局有限公司	35

2009～2011年科技进步类国家级奖项合计前10强企业的科技进步类国家级奖项合计之和为465项，占竞争力百强科技进步类国家级奖项合计之和的31.85%，比前10强企业数量占比高出了21.85个百分点。其中位居第一的中国一冶集团有限公司科技进步类国家级奖项合计为82项，占竞争力百强科技进步类国家级奖项合计之和的5.62%。

3.4.2.2 科技进步类省部级奖项合计指标分析

1. 不同科技进步类省部级奖项合计水平企业的分布状况

入选竞争力百强的100家企业中，不同科技进步类省部级奖项合计水平企业的数量分布及其科技进步类省部级奖项合计占竞争力百强科技进步类省部级奖项合计之和的比重，如图3-18所示。

由图3-18可以看出，科技进步类省部级奖项合计超过100项的企业数量占竞争力百强的9%，但其科技进步类省部级奖项合计占到了竞争力百强的39.05%；科技进步类省部级奖项合计在50～100项之间的企业数量占竞争力百强的15%，但其科技进步类省部级奖项合计占到了竞争力百强的26.43%；科技进步类省部级奖项合计在30～50项之间的企业数量占竞争力百强的17%，但其科技进步类省部级奖项合计仅占竞争力百强的15.06%；科技进步类省部级奖项合计在10～30项之间的企业数量占竞争力百强的36%，但其科技进步类省部级奖项合计仅占竞争力百强的17.15%；科技进步类省部级奖项合计在5～10项之间的企业数量占竞争力百强的10%，但其科技进步类省部级奖项合

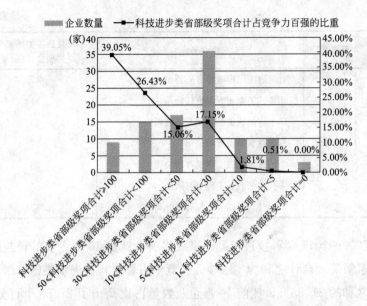

图 3-18 不同科技进步类省部级奖项合计水平企业的数量分布及其科技进步类省部级奖项合计占竞争力百强的比重

计仅占竞争力百强的 1.81%；科技进步类省部级奖项合计在 1~5 项之间的企业数量占竞争力百强的 10%，但其科技进步类省部级奖项合计仅占竞争力百强的 0.51%；还有 3 家企业科技进步类省部级奖项合计为 0。

2. 科技进步类省部级奖项合计前 10 强

入选竞争力百强的 100 家企业中，科技进步类省部级奖项合计位列前 10 名（含并列）的企业如表 3-12 所示。

2009~2011 年科技进步类省部级奖项合计位列前 10 名的企业　　　　表 3-12

序号	百强名次	企业名称	科技进步类省部级奖项合计（项）
1	1	中国建筑第八工程局有限公司	295
2	19	青建集团股份公司	241
3	14	陕西建工集团总公司	230
4	2	中建三局建设工程股份有限公司	194

续表

序号	百强名次	企业名称	科技进步类省部级奖项合计(项)
5	15	广东省建筑工程集团有限公司	154
6	10	广西建工集团有限责任公司	145
7	22	广州建筑股份有限公司	138
8	5	中国建筑第五工程局有限公司	115
9	11	中天建设集团有限公司	109
10	25	江苏省苏中建设集团股份有限公司	99
10	38	苏州金螳螂企业(集团)有限公司	99

2009～2011年科技进步类省部级奖项合计前10强企业的科技进步类省部级奖项合计之和为1819项，占竞争力百强科技进步类省部级奖项合计之和的43.82%，比前10强企业数量占比高出了32.82个百分点。其中位居第一的中国建筑第八工程局有限公司科技进步类省部级奖项合计为295项，占竞争力百强科技进步类省部级奖项合计之和的7.11%。

3.4.3 管理水平类奖项指标分析

3.4.3.1 管理水平类国家级奖项合计指标分析

1. 不同管理水平类国家级奖项合计水平企业的分布状况

入选竞争力百强的100家企业中，不同管理水平类国家级奖项合计水平企业的数量分布及其管理水平类国家级奖项合计占竞争力百强管理水平类国家级奖项合计之和的比重，如图3-19所示。

由图3-19可以看出，管理水平类国家级奖项合计超过100项的企业数量占竞争力百强的2%，但其管理水平类国家级奖项合计占到了竞争力百强的14.56%；管理水平类国家级奖项合计在50～100项之间的企业数量占竞争力百强的9%，但其管理水平类国家级奖项合计占到了竞争力百强的28.93%；管理水平类国家级奖项合计在30～50项之间的企业数量占竞争力百强的11%，但其管理水平类国家级奖项合计占到了竞争力百强的19.80%；管理水平类国家级奖项合计在10～30项

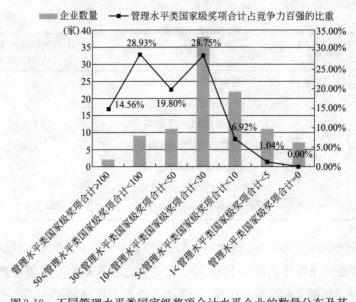

图3-19　不同管理水平类国家级奖项合计水平企业的数量分布及其管理水平类国家级奖项合计占竞争力百强的比重

之间的企业数量占竞争力百强的38%，但其管理水平类国家级奖项合计仅占竞争力百强的28.75%；管理水平类国家级奖项合计在5～10项之间的企业数量占竞争力百强的22%，但其管理水平类国家级奖项合计仅占竞争力百强的6.92%；管理水平类国家级奖项合计在1～5项之间的企业数量占竞争力百强的11%，但其管理水平类国家级奖项合计仅占竞争力百强的1.04%；还有7家企业管理水平类国家级奖项合计为0。

2. 管理水平类国家级奖项合计前10强

入选竞争力百强的100家企业中，管理水平类国家级奖项合计位列前10名的企业如表3-13所示。

2009～2011年管理水平类国家级奖项合计位列前10名的企业　　　　表3-13

序号	百强名次	企业名称	管理水平类国家级奖项合计(项)
1	15	广东省建筑工程集团有限公司	183
2	1	中国建筑第八工程局有限公司	139

续表

序号	百强名次	企业名称	管理水平类国家级奖项合计(项)
3	9	中国建筑第七工程局有限公司	79
4	25	江苏省苏中建设集团股份有限公司	79
5	30	天津市建工集团(控股)有限公司	76
6	11	中天建设集团有限公司	75
7	28	上海隧道工程股份有限公司	70
8	2	中建三局建设工程股份有限公司	69
9	10	广西建工集团有限责任公司	69
10	4	北京城建集团有限责任公司	66

2009～2011年管理水平类国家级奖项合计前10强企业的管理水平类国家级奖项合计之和为905项，占竞争力百强管理水平类国家级奖项合计之和的40.91%，比前10强企业数量占比高出了30.91个百分点。其中位居第一的广东省建筑工程集团有限公司管理水平类国家级奖项合计为183项，占竞争力百强管理水平类国家级奖项合计之和的8.27%。

3.4.3.2 管理水平类省部级奖项合计指标分析

1. 不同管理水平类省部级奖项合计水平企业的分布状况

入选竞争力百强的100家企业中，不同管理水平类省部级奖项合计水平企业的数量分布及其管理水平类省部级奖项合计占竞争力百强管理水平类省部级奖项合计之和的比重，如图3-20所示。

由图3-20可以看出，管理水平类省部级奖项合计超过500项的企业数量占竞争力百强的6%，但其管理水平类省部级奖项合计占到了竞争力百强的26.31%；管理水平类省部级奖项合计在200～500项之间的企业数量占竞争力百强的15%，但其管理水平类省部级奖项合计占到了竞争力百强的36.46%；管理水平类省部级奖项合计在100～200项之间的企业数量占竞争力百强的21%，但其管理水平类省部级奖项合计仅占竞争力百强的19.39%；管理水平类省部级奖项合计在50～100项之间的企业数量占竞争力百强的26%，但其管理水平类省部级奖项合计仅占竞争力百强的12.80%；管理水平类省部级奖项合计在10～

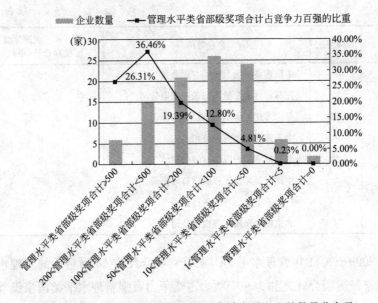

图 3-20 不同管理水平类省部级奖项合计水平企业的数量分布及
其管理水平类省部级奖项合计占竞争力百强的比重

50 项之间的企业数量占竞争力百强的 24%，但其管理水平类省部级奖项合计仅占竞争力百强的 4.81%；管理水平类省部级奖项合计在 1~10 项之间的企业数量占竞争力百强的 6%，但其管理水平类省部级奖项合计仅占竞争力百强的 0.23%；还有 2 家企业管理水平类省部级奖项合计为 0。

2. 管理水平类省部级奖项合计前 10 强

入选竞争力百强的 100 家企业中，管理水平类省部级奖项合计位列前 10 名的企业如表 3-14 所示。

2009~2011 年管理水平类省部级奖项合计位列前 10 名的企业　　　　表 3-14

序号	百强名次	企业名称	管理水平类省部级奖项合计（项）
1	1	中国建筑第八工程局有限公司	781
2	15	广东省建筑工程集团有限公司	661
3	10	广西建工集团有限责任公司	559

续表

序号	百强名次	企业名称	管理水平类省部级奖项合计(项)
4	14	陕西建工集团总公司	553
5	11	中天建设集团有限公司	551
6	12	中国华西企业股份有限公司	514
7	30	天津市建工集团(控股)有限公司	470
8	4	北京城建集团有限责任公司	454
9	5	中国建筑第五工程局有限公司	435
10	3	中国建筑第二工程局有限公司	428

2009～2011年管理水平类省部级奖项合计前10强企业的管理水平类省部级奖项合计之和为5406项，占竞争力百强管理水平类省部级奖项合计之和的39.31%，比前10强企业数量占比高出了29.31个百分点。其中位居第一的中国建筑第八工程局有限公司管理水平类省部级奖项合计为781项，占竞争力百强管理水平类省部级奖项合计之和的5.68%。

3.5 竞争力百强精神文明状况分析

3.5.1 精神文明类奖项指标分析

3.5.1.1 精神文明类国家级奖项合计指标分析

1. 不同精神文明类国家级奖项合计水平企业的分布状况

入选竞争力百强的100家企业中，不同精神文明类国家级奖项合计水平企业的数量分布及其精神文明类国家级奖项合计占竞争力百强精神文明类国家级奖项合计之和的比重，如图3-21所示。

由图3-21可以看出，精神文明类国家级奖项合计为8项的企业数量占竞争力百强的1%，但其精神文明类国家级奖项合计占到了竞争力百强的7.92%；精神文明类国家级奖项合计为6项的企业数量占竞争力百强的2%，但其精神文明类国家级奖项合计占到了竞争力百强的11.88%；精神文明类国家级奖项合计为5项的企业数量占竞争力百强

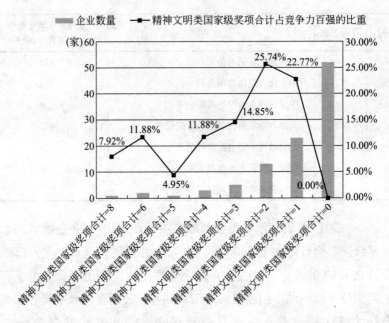

图3-21 不同精神文明类国家级奖项合计水平企业的数量分布及
其精神文明类国家级奖项合计占竞争力百强的比重

的1%，但其精神文明类国家级奖项合计占到了竞争力百强的4.95%；精神文明类国家级奖项合计为4项的企业数量占竞争力百强的3%，但其精神文明类国家级奖项合计占到了竞争力百强的11.88%；精神文明类国家级奖项合计为3项的企业数量占竞争力百强的5%，但其精神文明类国家级奖项合计占到了竞争力百强的14.85%；精神文明类国家级奖项合计为2项的企业数量占竞争力百强的13%，但其精神文明类国家级奖项合计占到了竞争力百强的25.74%；精神文明类国家级奖项合计为1项的企业数量占竞争力百强的23%，其精神文明类国家级奖项合计占竞争力百强的22.77%；有52家企业精神文明类国家级奖项合计为0。

2. 精神文明类国家级奖项合计前10强

入选竞争力百强的100家企业中，精神文明类国家级奖项合计位列前10名的企业（含并列）如表3-15所示。

第3章 2011年度中国建筑业企业竞争力百强分析

2009～2011年精神文明类国家级奖项合计位列前10名的企业　　　　表3-15

序号	百强名次	企业名称	精神文明类国家级奖项合计(项)
1	1	中国建筑第八工程局有限公司	8
2	2	中建三局建设工程股份有限公司	6
3	34	新疆生产建设兵团建设工程(集团)有限责任公司	6
4	4	北京城建集团有限责任公司	5
5	3	中国建筑第二工程局有限公司	4
6	44	安徽省外经建设(集团)有限公司	4
7	47	中国核工业华兴建设有限公司	4
8	8	中国建筑第四工程局有限公司	3
9	17	中铁五局(集团)有限公司	3
10	40	大庆油田建设集团有限责任公司	3
10	57	上海建工七建集团有限公司	3
10	97	甘肃路桥建设集团有限公司	3

2009～2011年精神文明类国家级奖项合计前10强企业的精神文明类国家级奖项合计之和为52项，占竞争力百强精神文明类国家级奖项合计之和的51.49%，比前10强企业数量占比高出了41.49个百分点。其中位居第一的中国建筑第八工程局有限公司精神文明类国家级奖项合计为8项，占竞争力百强精神文明类国家级奖项合计之和的7.92%。

3.5.1.2 精神文明类省部级奖项合计指标分析

1. 不同精神文明类省部级奖项合计水平企业的分布状况

入选竞争力百强的100家企业中，不同精神文明类省部级奖项合计水平企业的数量分布及其精神文明类省部级奖项合计占竞争力百强精神文明类省部级奖项合计之和的比重，如图3-22所示。

由图3-22可以看出，精神文明类省部级奖项合计大于10项的企业数量占竞争力百强的6%，但其精神文明类省部级奖项合计占到了竞争力百强的46.26%；精神文明类省部级奖项合计为9项的企业数量占竞争力百强的1%，但其精神文明类省部级奖项合计占到了竞争力百强的

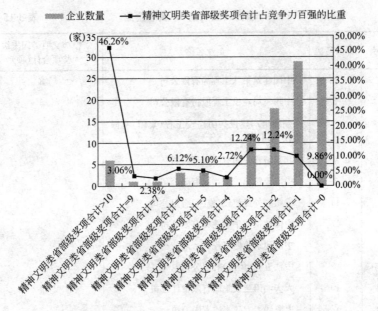

图 3-22　不同精神文明类省部级奖项合计水平企业的数量分布及
其精神文明类省部级奖项合计占竞争力百强的比重

3.06%；精神文明类省部级奖项合计为 7 项的企业数量占竞争力百强的 1%，但其精神文明类省部级奖项合计占到了竞争力百强的 2.38%；精神文明类省部级奖项合计为 6 项的企业数量占竞争力百强的 3%，但其精神文明类省部级奖项合计占到了竞争力百强的 6.12%；精神文明类省部级奖项合计为 5 项的企业数量占竞争力百强的 3%，但其精神文明类省部级奖项合计占到了竞争力百强的 5.10%；精神文明类省部级奖项合计为 4 项的企业数量占竞争力百强的 2%，其精神文明类省部级奖项合计占竞争力百强的 2.72%；精神文明类省部级奖项合计为 3 项的企业数量占竞争力百强的 12%，其精神文明类省部级奖项合计占竞争力百强的 12.44%；精神文明类省部级奖项合计为 2 项的企业数量占竞争力百强的 18%，但其精神文明类省部级奖项合计占到了竞争力百强的 12.24%；精神文明类省部级奖项合计为 1 项的企业数量占竞争力百强的 29%，其精神文明类省部级奖项合计仅占竞争力百强的 9.86%；有 25 家企业精神文明类省部级奖项合计为 0。

2. 精神文明类省部级奖项合计前 10 强

入选竞争力百强的 100 家企业中,精神文明类省部级奖项合计位列前 10 名的企业(含并列)如表 3-16 所示。

2009~2011 年精神文明类省部级奖项合计位列前 10 名的企业　　表 3-16

序号	百强名次	企业名称	精神文明类省部级奖项合计(项)
1	4	北京城建集团有限责任公司	38
2	6	北京建工集团有限责任公司	34
3	2	中建三局建设工程股份有限公司	21
4	1	中国建筑第八工程局有限公司	19
5	12	中国华西企业股份有限公司	13
6	3	中国建筑第二工程局有限公司	11
7	16	中交第三航务工程局有限公司	9
8	17	中铁五局(集团)有限公司	7
9	15	广东省建筑工程集团有限公司	6
	30	天津市建工集团(控股)有限公司	6
10	77	中化二建集团有限公司	6

2009~2011 年精神文明类省部级奖项合计前 10 强企业的精神文明类省部级奖项合计之和为 170 项,占竞争力百强精神文明类省部级奖项合计之和的 57.82%,比前 10 强企业数量占比高出了 46.82 个百分点。其中位居第一的北京城建集团有限责任公司精神文明类省部级奖项合计为 38 项,占竞争力百强精神文明类省部级奖项合计之和的 12.93%。

3.5.2　履行社会责任指标分析

入选竞争力百强的 100 家企业中,不同履行社会责任项数的企业数量分布及其履行社会责任项数占竞争力百强履行社会责任项数之和的比重,如图 3-23 所示。

由图 3-23 可以看出,履行社会责任项数为 4 项的企业数量占竞争力百强的 15%,但其履行社会责任项数占到了竞争力百强的 20.98%;履行社会责任项数为 3 项的企业数量占竞争力百强的 61%,其履行社

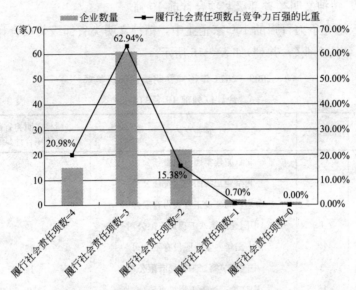

图3-23 不同履行社会责任项数的企业数量分布
及其履行社会责任项数占竞争力百强的比重

会责任项数占竞争力百强的62.93%；履行社会责任项数为2项的企业数量占竞争力百强的22%，但其履行社会责任项数仅占竞争力百强的15.38%；履行社会责任项数为1项的企业数量占竞争力百强的2%，但其履行社会责任项数仅占竞争力百强的0.70%；还有一家企业未申报履行社会责任数据。

第 4 章 2011 年度中国建筑业企业成长性百强分析

4.1 成长性百强的总体情况

4.1.1 成长性百强排名基本情况

4.1.1.1 成长性百强成长性指数分布情况

入选 2010 年度中国建筑业最具成长性百强企业（以下简称成长性百强）的 100 家企业中，中建工业设备安装有限公司以综合得分 2.26435431 位居榜首。成长性综合得分位列第二名到第十名的企业为：华太建设集团有限公司、广西建工集团第一建筑工程有限责任公司、山东德建集团有限公司、安徽三建工程有限公司、陕西建工集团第五建筑工程有限公司、浙江天工建设集团有限公司、江苏金土木建设集团有限公司、中石化南京工程有限公司和安徽水利开发股份有限公司。成长性百强各公司得分曲线如图 4-1 所示。从图 4-1 可以看出，排名前 16 家公司得分差距相对较大，后 84 家公司得分差距相对较小。说明前 16 家企业的成长性差距较大，其他百强企业的成长性差距相对较小。

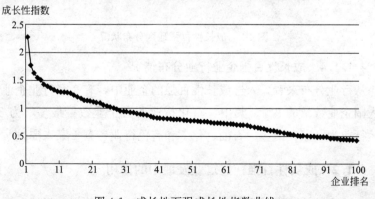

图 4-1 成长性百强成长性指数曲线

4.1.1.2 成长性百强企业资质分布情况

从企业资质来看,入选成长性百强的企业中,具有一级资质的企业99家,占成长性百强企业的99%;二级资质企业1家,占成长性百强企业的1%。说明总体而言,具有一级资质的建筑业企业成长性相对较强。

4.1.1.3 成长性百强企业的地区分布情况

从地区分布来看,入选成长性百强的企业中,有91家地方企业,来自21个省、直辖市和自治区,如图4-2所示。其中山东省企业入围数量为12家,占地方百强入围企业的13.19%,名列第一;江苏省和浙江省并列次席,分别入围11家企业,各占地方百强入围企业的12.09%;陕西省和安徽省分别排在第四位和第五位,入围企业数量分别为10家和9家,分别占地方百强入围企业的10.99和9.89%。其他地区企业入围数量均在5家以下。

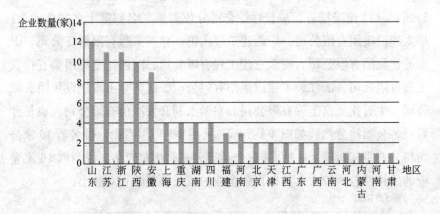

图4-2 成长性百强地区分布状况

4.1.1.4 成长性百强企业行业分布情况

从行业分布来看,入选成长性百强的企业中,有9家行业企业,占总入围企业数量的9%。其中,石化行业所占企业数量最多,为3家;水运行业为2家;冶金、石油、化工和有色行业各有1家入围。

4.1.2 成长性百强在建筑业发展中的作用

入选成长性百强的企业在建筑业总产值、利润总额、新签合同额等方面都展现出良好的发展势头,并在我国建筑业总产值、利润总额和新签合同额中占有一定的比重。

4.1.2.1 成长性百强对全国建筑业总产值的贡献

图 4-3 给出了 2008～2011 年成长性百强实现的建筑业总产值及其占全国建筑业总产值的比重。从图 4-3 中可以看出,成长性百强企业实现的建筑业总产值 2011 年有所下降,但仍然以占全国 1.42% 的企业数,实现了全国建筑业总产值 2.64% 的份额。

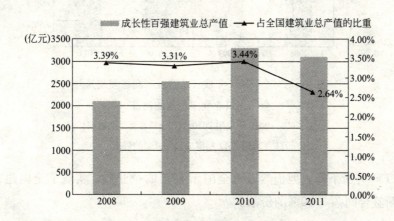

图 4-3　2008～2011 年成长性百强建筑业
总产值及其占全国建筑业总产值的比重

注:2008～2010 年采用 2010 年度成长性百强的数据,
2011 年采用 2011 年度成长性百强的数据。

4.1.2.2 成长性百强对全国建筑业利润总额的贡献

图 4-4 给出了 2008～2011 年成长性百强实现的利润总额及其占全国建筑业利润总额的比重。从图 4-4 中可以看出,成长性百强企业实现的利润总额 2011 年有所下降,但仍然以占全国 1.42% 的企业数,实现了全国建筑业利润总额 2.20% 的份额。

4.1.2.3 成长性百强对全国建筑业新签合同额的贡献

图 4-5 给出了 2008～2011 年成长性百强新签合同额及其占全国建筑业新签合同额的比重。从图 4-5 中可以看出,成长性百强企业新签合同额近年来呈逐年增长态势,虽然占全国建筑业新签合同额的比重

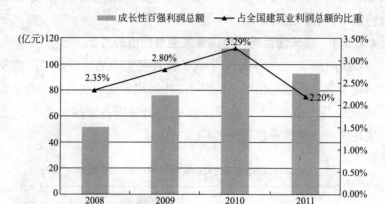

图 4-4　2008~2011 年成长性百强利润总额及其占
全国建筑业利润总额的比重

注：2008~2010 年采用 2010 年度成长性百强的数据，
2011 年采用 2011 年度成长性百强的数据。

2011 年有所下降，但仍然以占全国 1.42% 的企业数，实现了全国建筑业新签合同额 3.10% 的份额。

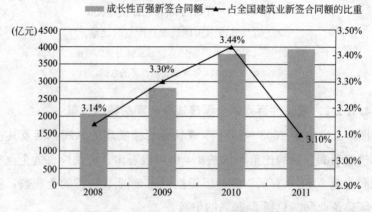

图 4-5　2008~2011 年成长性百强新签合同额及其占
全国建筑业新签合同额的比重

注：2008~2010 年采用 2010 年度成长性百强的数据，
2011 年采用 2011 年度成长性百强的数据。

4.2 成长性百强规模成长性分析

4.2.1 营业收入指标分析

4.2.1.1 营业收入分布情况

1. 2011年营业收入分布情况

成长性百强 2011 年营业收入总和为 2946.16 亿元。不同营业收入水平企业的数量分布及其营业收入占成长性百强营业收入之和的比重，如图 4-6 所示。

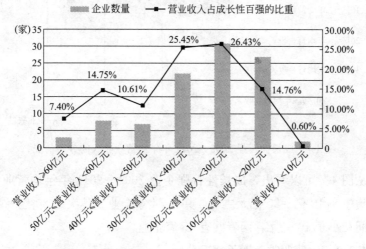

图 4-6 不同营业收入水平企业的数量分布及其
营业收入占成长性百强的比重

由图 4-6 可以看出，营业收入超过 60 亿元的企业数量占成长性百强的 3%，但其营业收入占到了成长性百强的 7.40%；营业收入在 50 亿~60 亿元之间的企业数量占成长性百强的 8%，但其营业收入占到了成长性百强的 14.75%；营业收入在 40 亿~50 亿元之间的企业数量占成长性百强的 7%，但其营业收入占到了成长性百强的 10.61%；营业收入在 30 亿~40 亿元之间的企业数量占成长性百强的 22%，但其营业收入占到了成长性百强的 25.45%；营业收入在 20 亿~30 亿元之间的企业数量占成长性百强的 31%，但其营业收入只占成长性百强的

26.43%；营业收入在10亿~20亿元之间的企业数量占成长性百强的27%，但其营业收入只占成长性百强的14.76%；营业收入在10亿元以下的企业数量占成长性百强的2%，但其营业收入只占成长性百强的0.60%。

2. 2009~2011年年均营业收入的分布情况

成长性百强2009~2011年年均营业收入总和为1770.28亿元。具体分布情况如图4-7所示。

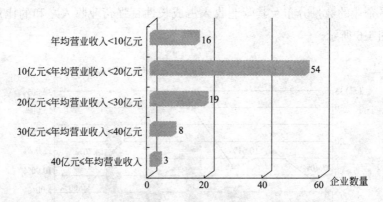

图4-7 成长性百强2009~2011年年均营业收入的分布情况

从图4-7可以看出，成长性百强企业2009~2011年年均营业收入主要集中在10亿~20亿元之间，共有54家企业。其次是30亿~40亿元之间和小于10亿元，两者共有35家企业。

4.2.1.2 营业收入增长情况分析

对比成长性百强2009~2011年的营业收入，可以得出成长性百强2009~2011年营业收入平均增长率的分布情况，见图4-8。从图中可以看出，全部100家企业的营业收入都取得了较大幅度的增长。其中有4家企业营业收入增长率大于1000%，营业收入增幅最大的是重庆对外建设(集团)有限公司，其营业收入增长率达到了1975.82%，营业收入增幅大于1000%的企业还有：华润建筑有限公司、伟基建设集团有限公司和重庆恒滨建设(集团)有限公司。成长性百强企业2009~2011年营业收入平均增长率的平均值为668.56%，体现了成长性百强企业良好的增长势头。

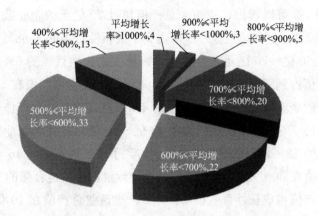

图 4-8　成长性百强 2009～2011 年营业收入平均增长率的分布情况

4.2.2　建筑业总产值指标分析

4.2.2.1　建筑业总产值分布情况

1. 2011 年度建筑业总产值分布情况

成长性百强 2011 年建筑业总产值总和为 3102.82 亿元。不同建筑业总产值水平企业的数量分布及其建筑业总产值占成长性百强建筑业总产值之和的比重，如图 4-9 所示。

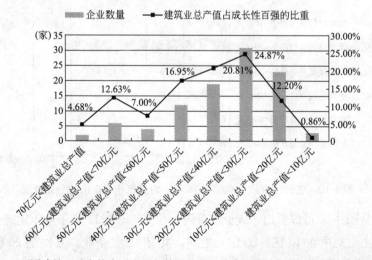

图 4-9　不同建筑业总产值水平企业的数量分布及其建筑业总产值占成长性百强的比重

由图 4-9 可以看出，建筑业总产值超过 70 亿元的企业数量占成长性百强的 2%，但其建筑业总产值占到了成长性百强的 4.68%；建筑业总产值在 60 亿～70 亿元之间的企业数量占成长性百强的 6%，但其建筑业总产值占到了成长性百强的 12.63%；建筑业总产值在 50 亿～60 亿元之间的企业数量占成长性百强的 4%，但其建筑业总产值占到了成长性百强的 7%；建筑业总产值在 40 亿～50 亿元之间的企业数量占成长性百强的 12%，但其建筑业总产值占到了成长性百强的 16.95%；建筑业总产值在 30 亿～40 亿元之间的企业数量占成长性百强的 19%，其建筑业总产值占成长性百强的 20.81%；建筑业总产值在 20 亿～30 亿元之间的企业数量占成长性百强的 31%，但其建筑业总产值只占成长性百强的 24.87%；建筑业总产值在 10 亿～20 亿元之间的企业数量占成长性百强的 23%，但其建筑业总产值只占成长性百强的 12.20%；建筑业总产值在 10 亿元以下的企业数量占成长性百强的 3%，但其建筑业总产值只占成长性百强的 0.86%。

2. 2009～2011 年年均建筑业总产值的分布情况

成长性百强 2009～2011 年年均建筑业总产值总和为 2476.22 亿元。具体分布情况如图 4-10 所示。

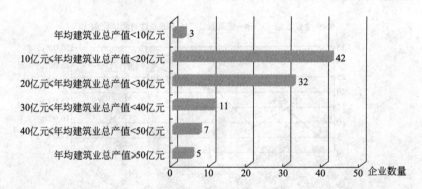

图 4-10　成长性百强 2009～2011 年年均建筑业总产值的分布情况

从图 4-10 可以看出，成长性百强企业 2009～2011 年年均年建筑业总产值主要集中在 10 亿～20 亿元之间，共有 42 家企业。其次是 20 亿～30 亿元之间，共有 32 家企业。

4.2.2.2 建筑业总产值增长情况分析

对比成长性百强2009~2011年的建筑业总产值，可以得出成长性百强2009~2011年建筑业总产值平均增长率的分布情况，见图4-11。从图中可以看出，97家企业建筑业总产值都取得了增长，3家企业的建筑业增加值出现负增长。取得增长的97家企业中，有2家企业建筑业总产值平均增长率大于100%。建筑业总产值增幅最大的是重庆对外建设(集团)有限公司，其建筑业总产值平均增长率达到了166.32%；建筑业总产值平均增幅位居第二的伟基建设集团有限公司，其建筑业总产值平均增长率达到了155.31%。成长性百强企业2009~2011年建筑业总产值平均增长率的平均值为31.83%。

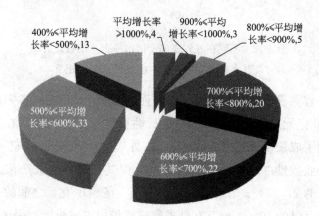

图4-11 成长性百强2009~2011年建筑业总产值平均增长率的分布情况

4.2.3 在外省完成产值指标分析

4.2.3.1 建筑业总产值分布情况

1. 2011年度在外省完成产值分布情况

成长性百强2011年在外省完成产值总和为1190.56亿元。不同在外省完成产值水平企业的数量分布及其在外省完成产值占成长性百强在外省完成产值之和的比重，如图4-12所示。

由图4-12可以看出，在外省完成产值超过50亿元的企业数量占成长性百强的2%，但其在外省完成产值占到了成长性百强的9.28%；在外省完成产值在30亿~50亿元之间的企业数量占成长性百强的7%，

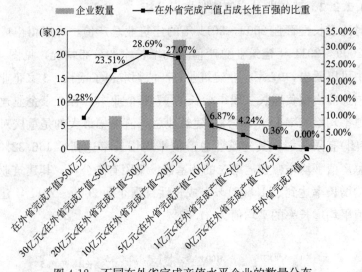

图 4-12 不同在外省完成产值水平企业的数量分布
及其在外省完成产值占成长性百强的比重

但其在外省完成产值占到了成长性百强的 23.51%；在外省完成产值在 20 亿~30 亿元之间的企业数量占成长性百强的 14%，但其在外省完成产值占到了成长性百强的 28.69%；在外省完成产值在 10 亿~20 亿元之间的企业数量占成长性百强的 23%，但其在外省完成产值占到了成长性百强的 27.07%；在外省完成产值在 5 亿~10 亿元之间的企业数量占成长性百强的 10%，但其在外省完成产值仅占成长性百强的 6.87%；在外省完成产值在 1 亿~5 亿元之间的企业数量占成长性百强的 18%，但其在外省完成产值只占成长性百强的 4.24%；在外省完成产值在 0~1 亿元之间的企业数量占成长性百强的 11%，但其在外省完成产值只占成长性百强的 0.36%；还有 15 家企业在外省完成的产值为 0。

2. 2009~2011 年年均在外省完成产值的分布情况

成长性百强 2009~2011 年年均在外省完成产值总和为 2476.22 亿元。具体分布情况如图 4-13 所示。

从图 4-13 可以看出，成长性百强企业 2009~2011 年年均在外省完成产值主要集中在 10 亿~20 亿元之间，共有 28 家企业。其次是 1 亿~5 亿元之间，共有 21 家企业。

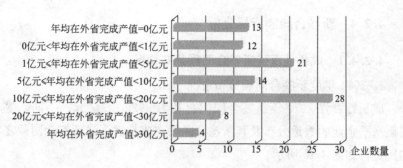

图 4-13　成长性百强 2009～2011 年年均在外省完成产值的分布情况

4.2.3.2　在外省完成产值增长情况分析

对比成长性百强 2009～2011 年的在外省完成产值，可以得出成长性百强 2009～2011 年在外省完成产值平均增长率的分布情况，见图 4-14。从图中可以看出，75 家企业在外省完成产值都取得了增长，18 家企业在外省完成产值出现负增长。取得增长的 75 家企业中，有 2 家企业在外省完成产值平均增长率大于 500%。在外省完成产值增幅最大的是山东莱钢建设有限公司，其在外省完成产值平均增长率达到了 902.36%；在外省完成产值平均增幅位居第二的陕西省咸阳市建筑安装工程总公司，其在外省完成产值平均增长率达到了 500.40%。有 17 家企业因 2009 年在外省完成产值数为 0 而无法计算平均增长率。

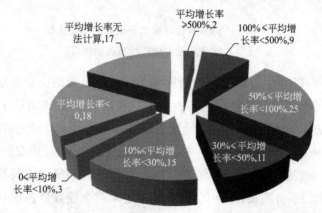

图 4-14　成长性百强 2009～2011 年在外省完成产值平均增长率的分布情况

4.2.4　新签合同额指标分析

4.2.4.1　成长性百强新签合同额分布情况

1. 2011 年度新签合同额分布情况

成长性百强 2011 年新签合同额总和为 3929.48 亿元。不同新签合同额水平企业的数量分布及其新签合同额占成长性百强新签合同额之和的比重，如图 4-15 所示。

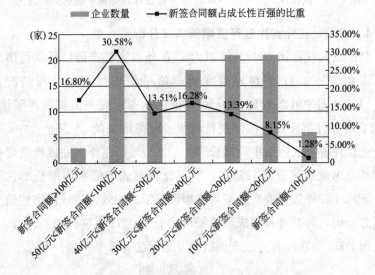

图 4-15　不同新签合同额水平企业的数量分布
及其新签合同额占成长性百强的比重

由图 4-15 可以看出，新签合同额超过 100 亿元的企业数量占成长性百强的 3%，但其新签合同额占到了成长性百强的 16.80%；新签合同额在 50 亿～100 亿元之间的企业数量占成长性百强的 19%，但其新签合同额占到了成长性百强的 30.58%；新签合同额在 40 亿～50 亿元之间的企业数量占成长性百强的 12%，其新签合同额占成长性百强的 13.51%；新签合同额在 30 亿～40 亿元之间的企业数量占成长性百强的 18%，但其新签合同额仅占成长性百强的 16.28%；新签合同额在 20 亿～30 亿元之间的企业数量占成长性百强的 21%，但其新签合同额仅占成长性百强的13.39%；新签合同额在10亿～20亿元之间的企业数量占成长性百强的21%，但其新签合同额只占成长性百强的8.15%；新签合同额在10亿元以下的企业数量占成长性百强的6%，但其新签合同额只占成长性百强的1.28%。

2. 2009～2011年年均新签合同额的分布情况

成长性百强2009～2011年年均新签合同额总和为2899.52亿元。具体分布情况如图4-16所示。

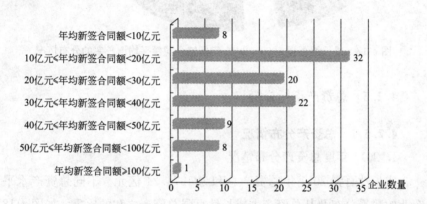

图4-16　成长性百强2009～2011年年均新签合同额的分布情况

从图4-16可以看出，成长性百强企业2009～2011年年均新签合同额主要集中在10亿～20亿元之间，共有32家企业。其次是30亿～40亿元之间和20亿～30亿元之间，各有22家和20家企业。

4.2.4.2　新签合同额增长情况分析

对比成长性百强2009～2011年的新签合同额，可以得出成长性百强2009～2011年新签合同额平均增长率的分布情况，见图4-17。从图中可以看出，96家企业新签合同额都取得了增长，4家企业的新签合同额出现负增长。取得增长的96家企业中，有7家企业新签合同额平均增长率大于100%。新签合同额增幅最大的是浙江博元建设股份有限公司，其新签合同额平均增长率达到了331.29%；新签合同额平均增幅位居第二的重庆对外建设(集团)有限公司，其新签合同额平均增长率达到了256.73%。

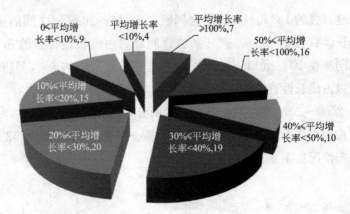

图 4-17 成长性百强 2009~2011 年新签合同额平均增长率的分布情况

4.2.5 总资产指标分析

4.2.5.1 总资产分布情况

1. 2011 年度总资产分布情况

成长性百强 2011 年总资产总和为 1974.24 亿元。不同总资产水平企业的数量分布及其总资产占成长性百强总资产之和的比重，如图 4-18 所示。

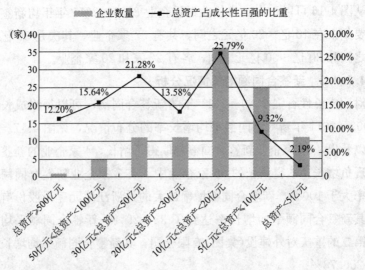

图 4-18 不同总资产水平企业的数量分布及其总资产占成长性百强的比重

由图 4-18 可以看出，总资产超过 100 亿元的企业数量占成长性百强的 1%，但其总资产占到了成长性百强的 12.20%；总资产在 50 亿～100 亿元之间的企业数量占成长性百强的 5%，但其总资产占到了成长性百强的 15.64%；总资产在 30 亿～50 亿元之间的企业数量占成长性百强的 11%，但其总资产占到了成长性百强的 21.28%；总资产在 20 亿～30 亿元之间的企业数量占成长性百强的 11%，其总资产占成长性百强的 13.58%；总资产在 10 亿～20 亿元之间的企业数量占成长性百强的 36%，但其总资产仅占成长性百强的 25.79%；总资产在 5 亿～10 亿元之间的企业数量占成长性百强的 25%，但其总资产只占成长性百强的 9.32%；总资产在 5 亿元以下的企业数量占成长性百强的 11%，但其总资产只占成长性百强的 2.19%。

2. 2009～2011 年年均总资产的分布情况

成长性百强 2009～2011 年年均总资产总和为 1491.26 亿元。具体分布情况如图 4-19 所示。

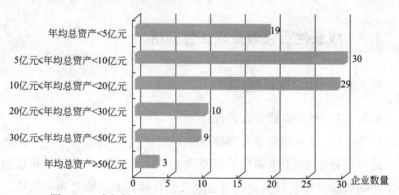

图 4-19　成长性百强 2009～2011 年年均总资产的分布情况

从图 4-19 可以看出，成长性百强企业 2009～2011 年年均总资产主要集中在 5 亿～10 亿元之间，共有 30 家企业。其次是 10 亿～20 亿元之间和小于 5 亿元，各有 29 家和 19 家企业。

4.2.5.2　总资产增长情况分析

对比成长性百强 2009～2011 年的总资产，可以得出成长性百强 2009～2011 年总资产平均增长率的分布情况，见图 4-20。从图中可以看出，94 家企业总资产都取得了增长，6 家企业的总资产出现负增长。

取得增长的 94 家企业中，有 6 家企业总资产平均增长率大于 100%。总资产增幅最大的是安徽三建工程有限公司，其总资产平均增长率达到了 256.88%；总资产平均增幅位居第二的是山东莱钢建设有限公司，其总资产平均增长率达到了 164.69%。

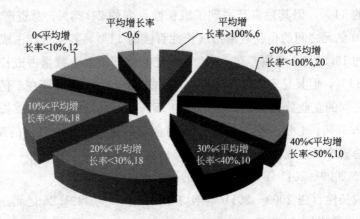

图 4-20 成长性百强 2009～2011 年总资产平均增长率的分布情况

4.3 成长性百强效益成长性分析

4.3.1 利润总额指标分析

4.3.1.1 利润总额分布情况

1. 2011 年度利润总额分布情况

成长性百强 2011 年利润总额总和为 93.21 亿元。不同利润总额水平企业的数量分布及其利润总额占成长性百强利润总额之和的比重，如图 4-21 所示。

由图 4-21 可以看出，利润总额超过 4 亿元的企业数量占成长性百强的 1%，但其利润总额占到了成长性百强的 4.97%；利润总额在 3 亿～4 亿元之间的企业数量占成长性百强的 4%，但其利润总额占到了成长性百强的 15.17%；利润总额在 2 亿～3 亿元之间的企业数量占成长性百强的 4%，但其利润总额占到了成长性百强的 9.90%；利润总额在 1 亿～2 亿元之间的企业数量占成长性百强的 25%，但其利润总额占到了成长性百强的 36.49%；利润总额在 0.5 亿～1 亿元之间的企业数

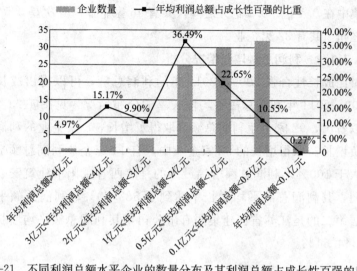

图 4-21 不同利润总额水平企业的数量分布及其利润总额占成长性百强的比重

量占成长性百强的 30%，但其利润总额仅占成长性百强的 22.65%；利润总额在 0.1 亿～0.5 亿元之间的企业数量占成长性百强的 32%，但其利润总额只占成长性百强的 10.55%；利润总额在 0.1 亿元以下的企业数量占成长性百强的 4%，但其利润总额只占成长性百强的 0.27%。

2. 2009～2011 年年均利润总额的分布情况

成长性百强 2009～2011 年年均利润总额总和为 69.31 亿元。具体分布情况如图 4-22 所示。

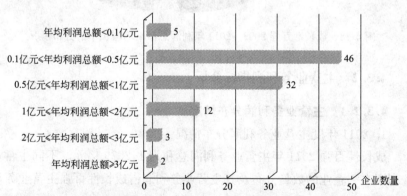

图 4-22 成长性百强 2009～2011 年年均利润总额的分布情况

从图 4-22 可以看出，成长性百强企业 2009～2011 年年均利润总额主要集中在0.1亿~0.5亿元之间，共有46家企业。其次是0.5亿~1亿元之间，共有32家企业。

4.3.1.2 利润总额增长情况分析

对比成长性百强2009~2011年的利润总额，可以得出成长性百强2009~2011年利润总额平均增长率的分布情况，见图4-23。从图中可以看出，92家企业利润总额都取得了增长，8家企业的利润总额出现负增长。取得增长的92家企业中，有14家企业利润总额平均增长率大于100%。利润总额增幅最大的是陕西省咸阳市建筑安装工程总公司，其利润总额平均增长率达到了582.89%；利润总额平均增幅位居第二的是江苏省江建集团有限公司，其利润总额平均增长率达到了344.64%。

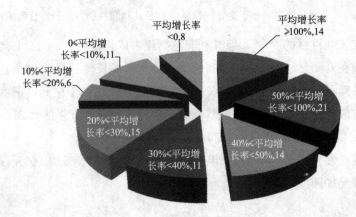

图4-23 成长性百强2009~2011年利润总额平均增长率的分布情况

4.3.2 主营业务利润指标分析

4.3.2.1 主营业务利润分布情况

1. 2011年度主营业务利润分布情况

成长性百强2011年主营业务利润总和为142.79亿元。不同主营业务利润水平企业的数量分布及其主营业务利润占成长性百强主营业务利润之和的比重，如图4-24所示。

由图4-24可以看出，主营业务利润超过5亿元的企业数量占成长性百强的3%，但其主营业务利润占到了成长性百强的14.02%；主营

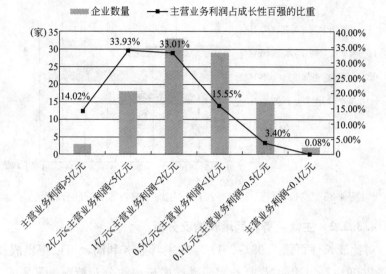

图 4-24 不同主营业务利润水平企业的数量分布
及其主营业务利润占成长性百强的比重

业务利润在 2 亿～5 亿元之间的企业数量占成长性百强的 18%，但其主营业务利润占到了成长性百强的 33.93%；主营业务利润在 1 亿～2 亿元之间的企业数量占成长性百强的 33%，其主营业务利润占成长性百强的 33.01%；主营业务利润在 0.5 亿～1 亿元之间的企业数量占成长性百强的 29%，但其主营业务利润仅占成长性百强的 15.55%；主营业务利润在 0.1 亿～0.5 亿元之间的企业数量占成长性百强的 15%，但其主营业务利润仅占成长性百强的 3.40%；主营业务利润在 0.1 亿元以下的企业数量占成长性百强的 2%，但其主营业务利润只占成长性百强的 0.08%。

2. 2009～2011 年年均主营业务利润的分布情况

成长性百强 2009～2011 年年均主营业务利润总和为 102.17 亿元。具体分布情况如图 4-25 所示。

从图 4-25 可以看出，成长性百强企业 2009～2011 年年均主营业务利润主要集中在 0.5 亿～1 亿元之间，共有 37 家企业。其次是 1 亿～2 亿元之间和 0.1 亿～0.5 亿元之间，分别有 27 家和 22 家企业。

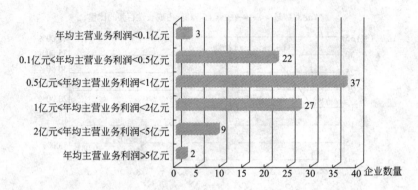

图 4-25　成长性百强 2009～2011 年年均主营业务利润的分布情况

4.3.2.2　主营业务利润增长情况分析

对比成长性百强 2009～2011 年的主营业务利润，可以得出成长性百强 2009～2011 年主营业务利润平均增长率的分布情况，见图 4-26。从图中可以看出，97 家企业主营业务利润都取得了增长，3 家企业的主营业务利润出现负增长。取得增长的 97 家企业中，有 8 家企业主营业务利润平均增长率大于 100%。主营业务利润增幅最大的是陕西省咸阳市建筑安装工程总公司，其主营业务利润平均增长率达到了 688.53%；主营业务利润平均增幅位居第二的是江苏省江建集团有限公司，其主营业务利润平均增长率达到了 289.28%。

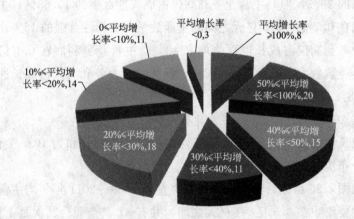

图 4-26　成长性百强 2009～2011 年主营业务利润平均增长率的分布情况

4.3.3 主营业务税金及附加指标分析

4.3.3.1 主营业务税金及附加分布情况

1. 2011年度主营业务税金及附加分布情况

成长性百强2011年主营业务税金及附加总和为90.03亿元。不同主营业务税金及附加水平企业的数量分布及其主营业务税金及附加占成长性百强主营业务税金及附加之和的比重，如图4-27所示。

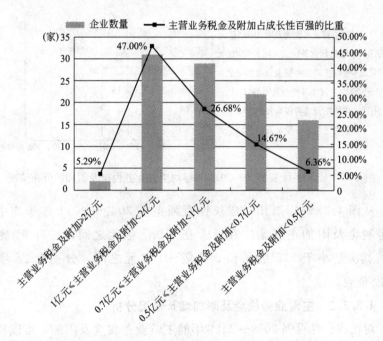

图4-27 不同主营业务税金及附加水平企业的数量分布
及其主营业务税金及附加占成长性百强的比重

由图4-27可以看出，主营业务税金及附加超过2亿元的企业数量占成长性百强的2%，但其主营业务税金及附加占到了成长性百强的5.29%；主营业务税金及附加在1亿～2亿元之间的企业数量占成长性百强的31%，但其主营业务税金及附加占到了成长性百强的47.00%；主营业务税金及附加在0.5亿～1亿元之间的企业数量占成长性百强的29%，但其主营业务税金及附加仅占成长性百强的26.68%；主营业务税金及附加在 0.5 亿～0.7 亿元之间的企业数量占成长性百强的 22%，但其主营业务税金及附加仅占成长性百强的 14.67%；主营业务税金及附加在 0.1 亿元以下的企业数量占成长性百强的 16%，但其主营业务税金及附加只占成长性百强的 6.36%。

2. 2009～2011 年年均主营业务税金及附加的分布情况

成长性百强 2009～2011 年年均主营业务税金及附加总和为 73.03 亿元。具体分布情况如图 4-28 所示。

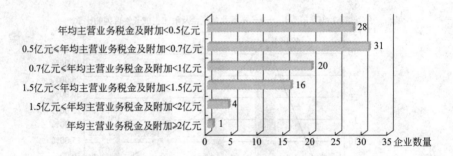

图 4-28　成长性百强 2009～2011 年年均主营业务税金及附加的分布情况

从图 4-28 可以看出，成长性百强企业 2009～2011 年年均主营业务税金及附加主要集中在 0.5 亿～0.7 亿元之间，共有 31 家企业。其次是小于 0.5 亿元和 0.7 亿～1 亿元之间，分别有 28 家和 20 家企业。

4.3.3.2　主营业务税金及附加增长情况分析

对比成长性百强 2009～2011 年的主营业务税金及附加，可以得出成长性百强 2009～2011 年主营业务税金及附加平均增长率的分布情况，见图 4-29。从图中可以看出，92 家企业主营业务税金及附加都取得了增长，8 家企业的主营业务税金及附加出现负增长。取得增长的 92 家企业中，有 2 家企业主营业务税金及附加平均增长率大于 100%。主营业务税金及附加增幅最大的是重庆对外建设(集团)有限公司，其主营业务税金及附加平均增长率达到了 193.32%；主营业务税金及附加平均增幅位居第二的是伟基建设集团有限公司，其主营业务税金及附加平均增长率达到了 163.15%。

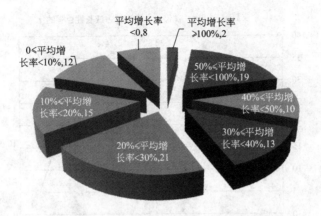

图 4-29 成长性百强 2009~2011 年主营业务税金及附加平均增长率的分布情况

4.4 成长性百强科技与管理成长性分析

4.4.1 人才数量指标分析

4.4.1.1 高级人才数合计指标分析

入选成长性百强的 100 家企业中，不同高级人才数合计水平企业的数量分布及其高级人才数合计占成长性百强高级人才数合计之和的比重，如图 4-30 所示。

由图 4-30 可以看出，高级人才数合计超过 500 人的企业数量占成长性百强的 1%，但其高级人才数合计占到了成长性百强的 4.73%；高级人才数合计在 300~500 人之间的企业数量占成长性百强的 4%，但其高级人才数合计占到了成长性百强的 11.15%；高级人才数合计在 200~300 人之间的企业数量占成长性百强的 10%，但其高级人才数合计占成长性百强的 17.93%；高级人才数合计在 150~200 人之间的企业数量占成长性百强的 18%，其高级人才数合计占成长性百强的 22.82%；高级人才数合计在 100~150 人之间的企业数量占成长性百强的 25%，但其高级人才数合计仅占成长性百强的 22.74%；高级人才数合计在 50~100 人之间的企业数量占成长性百强的 34%，但其高级人

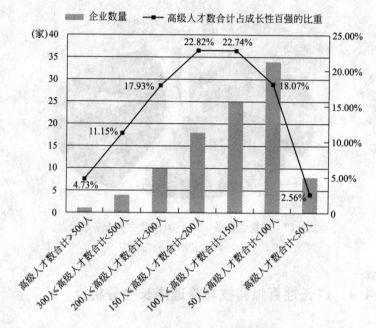

图 4-30　不同高级人才数合计水平企业的数量分布及其
高级人才数合计占成长性百强的比重

才数合计仅占成长性百强的 18.07%；高级人才数合计在 50 人以下的企业数量占成长性百强的 8%，但其高级人才数合计仅占成长性百强的 2.56%。

4.4.1.2 中级人才数合计指标分析

入选成长性百强的 100 家企业中，不同中级人才数合计水平企业的数量分布及其中级人才数合计占成长性百强中级人才数合计之和的比重，如图 4-31 所示。

由图 4-31 可以看出，中级人才数合计超过 1000 人的企业数量占成长性百强的 4%，但其中级人才数合计占到了成长性百强的 17.85%；中级人才数合计在 500～1000 人之间的企业数量占成长性百强的 17%，但其中级人才数合计占到了成长性百强的 30.36%；中级人才数合计在 300～500 人之间的企业数量占成长性百强的 25%，其中级人才数合计占到了成长性百强的 25.07%；中级人才数合计在 200～300 人之间的企业数量占成长性百强的 26%，其中级人才数合计仅占成长性百强的

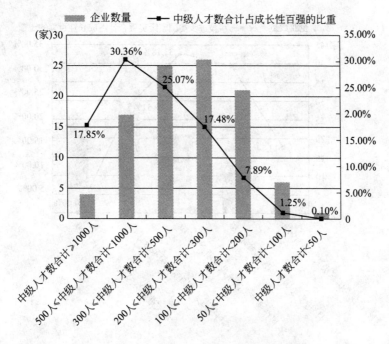

图 4-31 不同中级人才数合计水平企业的数量分布及其
中级人才数合计占成长性百强的比重

17.48%;中级人才数合计在 100~200 人之间的企业数量占成长性百强的 21%,但其中级人才数合计仅占成长性百强的 7.89%;中级人才数合计在 50~100 人之间的企业数量占成长性百强的 6%,但其中级人才数合计仅占成长性百强的 1.25%;中级人才数合计在 50 人以下的企业数量占成长性百强的 1%,但其中级人才数合计仅占成长性百强的 0.10%。

4.4.2 科技进步类奖项指标分析

4.4.2.1 科技进步类国家级奖项合计指标分析

入选成长性百强的 100 家企业中,不同科技进步类国家级奖项合计水平企业的数量分布及其科技进步类国家级奖项合计占成长性百强科技进步类国家级奖项合计之和的比重,如图 4-32 所示。

由图 4-32 可以看出,科技进步类国家级奖项合计超过 20 项的企业

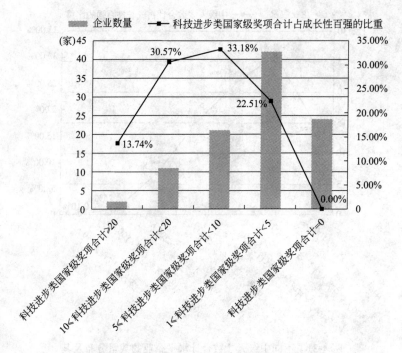

图 4-32 不同科技进步类国家级奖项合计水平企业的数量分布及其
科技进步类国家级奖项合计占成长性百强的比重

数量占成长性百强的 2%，但其科技进步类国家级奖项合计占到了成长性百强的 13.74%；科技进步类国家级奖项合计在 10~20 项之间的企业数量占成长性百强的 11%，但其科技进步类国家级奖项合计占到了成长性百强的 30.57%；科技进步类国家级奖项合计在 5~10 项之间的企业数量占成长性百强的 21%，但其科技进步类国家级奖项合计占到了成长性百强的 33.18%；科技进步类国家级奖项合计在 1~5 项之间的企业数量占成长性百强的 42%，但其科技进步类国家级奖项合计仅占成长性百强的 22.51%；还有 24 家企业科技进步类国家级奖项合计为 0。

4.4.2.2 科技进步类省部级奖项合计指标分析

入选成长性百强的 100 家企业中，不同科技进步类省部级奖项合计水平企业的数量分布及其科技进步类省部级奖项合计占成长性百强科技进步类省部级奖项合计之和的比重，如图 4-33 所示。

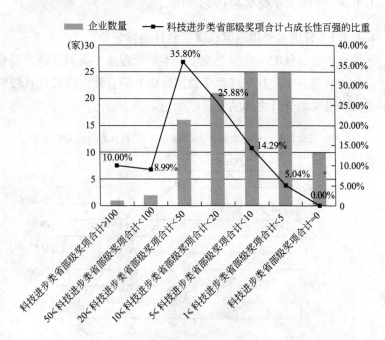

图 4-33　不同科技进步类省部级奖项合计水平企业的数量分布及其科技进步类省部级奖项合计占成长性百强的比重

由图 4-33 可以看出，科技进步类省部级奖项合计超过 100 项的企业数量占成长性百强的 1%，但其科技进步类省部级奖项合计占到了成长性百强的 10.00%；科技进步类省部级奖项合计在 50~100 项之间的企业数量占成长性百强的 2%，但其科技进步类省部级奖项合计占到了成长性百强的 8.99%；科技进步类省部级奖项合计在 20~50 项之间的企业数量占成长性百强的 16%，但其科技进步类省部级奖项合计仅占成长性百强的 35.80%；科技进步类省部级奖项合计在 5~10 项之间的企业数量占成长性百强的 25%，但其科技进步类省部级奖项合计仅占成长性百强的 14.29%；科技进步类省部级奖项合计在 1~5 项之间的企业数量占成长性百强的 25%，但其科技进步类省部级奖项合计仅占成长性百强的 5.04%；还有 10 家企业科技进步类省部级奖项合计为 0。

4.4.3 管理水平类奖项指标分析

4.4.3.1 管理水平类国家级奖项合计指标分析

入选成长性百强的 100 家企业中，不同管理水平类国家级奖项合计水平企业的数量分布及其管理水平类国家级奖项合计占成长性百强管理水平类国家级奖项合计之和的比重，如图 4-34 所示。

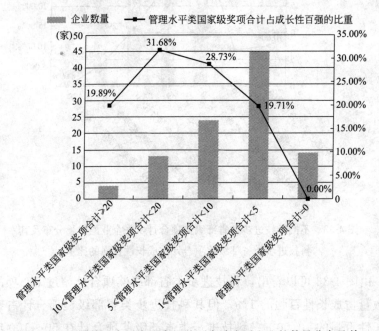

图 4-34　不同管理水平类国家级奖项合计水平企业的数量分布及其管理水平类国家级奖项合计占成长性百强的比重

由图 4-34 可以看出，管理水平类国家级奖项合计超过 20 项的企业数量占成长性百强的 4%，但其管理水平类国家级奖项合计占到了成长性百强的 19.89%；管理水平类国家级奖项合计在 10～20 项之间的企业数量占成长性百强的 13%，但其管理水平类国家级奖项合计占到了成长性百强的 31.68%；管理水平类国家级奖项合计在 5～10 项之间的企业数量占成长性百强的 24%，其管理水平类国家级奖项合计占到了成长性百强的 28.73%；管理水平类国家级奖项合计在 1～5 项之间的企业数量占成长性百强的 45%，但其管理水平类国家级奖项合计仅占成长性百强的 19.71%；还有 14 家企业管理水平类国家级奖项合计为 0。

4.4.3.2 管理水平类省部级奖项合计指标分析

入选成长性百强的 100 家企业中，不同管理水平类省部级奖项合计水平企业的数量分布及其管理水平类省部级奖项合计占成长性百强管理水平类省部级奖项合计之和的比重，如图 4-35 所示。

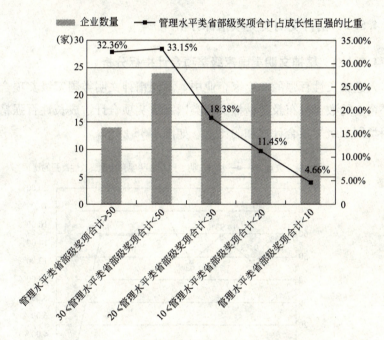

图 4-35　不同管理水平类省部级奖项合计水平企业的数量分布及其
管理水平类省部级奖项合计占成长性百强的比重

由图 4-35 可以看出，管理水平类省部级奖项合计超过 50 项的企业数量占成长性百强的 14%，但其管理水平类省部级奖项合计占到了成长性百强的 32.36%；管理水平类省部级奖项合计在 30～50 项之间的企业数量占成长性百强的 24%，但其管理水平类省部级奖项合计占到了成长性百强的 33.15%；管理水平类省部级奖项合计在 20～30 项之间的企业数量占成长性百强的 20%，但其管理水平类省部级奖项合计仅占成长性百强的 18.38%；管理水平类省部级奖项合计在 10～20 项之间的企业数量占成长性百强的 22%，但其管理水平类省部级奖项合计仅占成长性百强的 11.45%；管理水平类省部级奖项合计小于 10 项的企业数量占成长性百强的 20%，但其管理水平类省部级奖项合计仅占成长性百强的 4.66%。

4.5 成长性百强精神文明状况分析

4.5.1 精神文明类奖项指标分析

4.5.1.1 精神文明类国家级奖项合计指标分析

入选成长性百强的 100 家企业中，不同精神文明类国家级奖项合计水平企业的数量分布及其精神文明类国家级奖项合计占成长性百强精神文明类国家级奖项合计之和的比重，如图 4-36 所示。

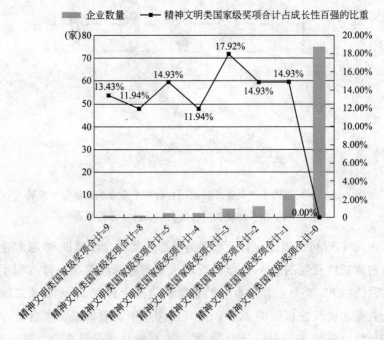

图 4-36 不同精神文明类国家级奖项合计水平企业的数量分布及其精神文明类国家级奖项合计占成长性百强的比重

由图 4-36 可以看出，精神文明类国家级奖项合计为 9 项的企业数量占成长性百强的 1%，但其精神文明类国家级奖项合计占到了成长性百强的 13.43%；精神文明类国家级奖项合计为 8 项的企业数量占成长性百强的 1%，但其精神文明类国家级奖项合计占到了成长性百强的 11.94%；精神文明类国家级奖项合计为 5 项的企业数量占成长性百强的 2%，但其精神文明类国家级奖项合计占到了成长性百强的 14.92%；精神文明类国家级奖项合计为 4 的企业数量占成长性百强的 2%，但其精神文明类国家级奖项合计占到了成长性百强的 11.94%；精神文明类国家级奖项合计为 3 的企业数量占成长性百强的 4%，但其精神文明类国家级奖项合计占到了成长性百强的 17.91%；精神文明类国家级奖项合计为 2 项的企业数量占成长性百强的 5%，但其精神文明类国家级奖项合计占到了成长性百强的 14.93%；精神文明类国家级奖项合计为 1 项的企业数量占成长性百强的 10%，其精神文明类国家级奖项合计占成长性百强的 14.93%；有 75 家企业精神文明类国家级奖项合计为 0。

4.5.1.2 精神文明类省部级奖项合计指标分析

入选成长性百强的 100 家企业中，不同精神文明类省部级奖项合计水平企业的数量分布及其精神文明类省部级奖项合计占成长性百强精神文明类省部级奖项合计之和的比重，如图 4-37 所示。

由图 4-37 可以看出，精神文明类省部级奖项合计大于 10 项的企业数量占成长性百强的 3%，但其精神文明类省部级奖项合计占到了成长性百强的 26.62%；精神文明类省部级奖项合计为 9 项的企业数量占成长性百强的 1%，但其精神文明类省部级奖项合计占到了成长性百强的 5.84%；精神文明类省部级奖项合计为 5 项的企业数量占成长性百强的 4%，但其精神文明类省部级奖项合计占到了成长性百强的 12.99%；精神文明类省部级奖项合计为 4 项的企业数量占成长性百强的 2%，但其精神文明类省部级奖项合计占到了成长性百强的 5.19%；精神文明类省部级奖项合计为 3 的企业数量占成长性百强的 12%，其精神文明类省部级奖项合计占成长性百强的 23.38%；精神文明类省部级奖项合计为 2 项的企业数量占成长性百强的 11%，其精

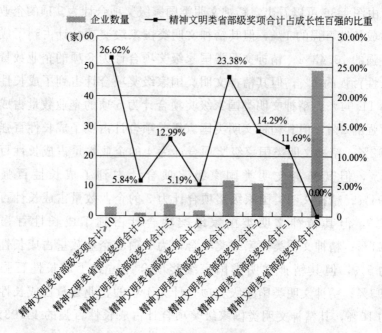

图 4-37 不同精神文明类省部级奖项合计水平企业的数量分布及其
精神文明类省部级奖项合计占成长性百强的比重

神文明类省部级奖项合计占成长性百强的 14.29%；精神文明类省部级奖项合计为 1 项的企业数量占成长性百强的 18%，但其精神文明类省部级奖项合计仅占成长性百强的 11.69%；有 49 家企业精神文明类省部级奖项合计为 0。

4.5.2 履行社会责任指标分析

入选成长性百强的 100 家企业中，不同履行社会责任项数的企业数量分布及其履行社会责任项数占成长性百强履行社会责任项数之和的比重，如图 4-38 所示。

由图 4-38 可以看出，履行社会责任项数为 3 项的企业数量占成长性百强的 97%，其履行社会责任项数占成长性百强的 93.21%；履行社会责任项数为 2 项的企业数量占成长性百强的 6%，其履行社会责任项数占成长性百强的 4.29%；履行社会责任项数为 1 项的企业数量占成长性百强的 7%，但其履行社会责任项数仅占成长性百强的2.50%。

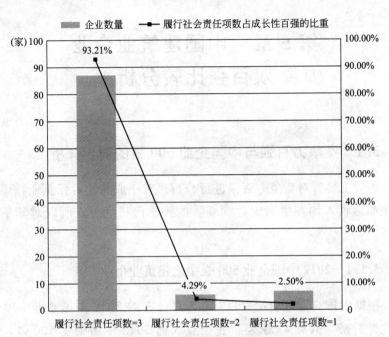

图 4-38 不同履行社会责任项数的企业数量分布及其
履行社会责任项数占成长性百强的比重

第 5 章　中国建筑业企业双百强比较分析

5.1　竞争力百强与中国企业 500 强的对比分析

本节主要针对竞争力百强进行分析。对于成长性百强企业，因为其企业总收入均在中国企业 500 强的入选门槛之外，所以对其不作分析。

5.1.1　2012 中国企业 500 强中的建筑业企业

根据中国企业联合会 2012 年 9 月公布的 2012 中国企业 500 强年度排行榜，共有 42 家建筑业企业入选 2012 中国企业 500 强，数量与 2011 年相同。2011 年上榜的 42 家企业中，37 家今年仍然榜上有名。这 37 家企业中，有 20 家的位次有所上升，17 家的位次有所下降。另有 5 家企业新入榜，其中，中国电力建设集团有限公司成立于 2011 年 9 月 29 日，是经国务院批准，由中国水利水电建设集团公司、中国水电工程顾问集团公司以及国家电网公司和中国南方电网有限责任公司 14 个省（区域）电网企业所属的勘测设计企业、电力施工企业、装备修造企业改革重组而成，其中，中国水利水电建设集团公司 2011 年也入选了中国企业 500 强排行榜，列第 80 位。中国能源建设集团有限公司成立于 2011 年 9 月 29 日，是经国务院批准，由中国葛洲坝集团公司、中国电力工程顾问集团公司与国家电网公司、中国南方电网有限责任公司所属 15 个省（区、市）勘测设计企业、施工企业、修造企业重组而成，其全资子公司中国葛洲坝集团公司 2011 年也入选了中国企业 500 强排行榜，列第 216 位。具体如表 5-1 所列。

入选 2012 中国企业 500 强年度排行榜的建筑业企业　　表 5-1

序号	中国企业 500 强名次		企业名称	营业收入（万元）
	2012	2011		
1	9	12	中国建筑工程总公司	49149463
2	11	7	中国铁道建筑总公司	46188331
3	12	6	中国中铁股份有限公司	46072022
4	23	19	中国交通建设股份有限公司	29537049
5	33	30	中国冶金科工集团有限公司	24316627
6	56	**	中国电力建设集团有限公司	18288685
7	90	**	中国能源建设集团有限公司	12220893
8	104	98	上海建工集团股份有限公司	10390000
9	152	138	广厦控股集团有限公司	7103764
10	209	207	北京建工集团有限责任公司	4794807
11	219	240	中国化学工程股份有限公司	4353800
12	223	203	上海城建(集团)公司	4310000
13	229	263	重庆建工集团股份有限公司	4264581
14	244	281	四川华西集团有限公司	3772125
15	257	252	浙江省建设投资集团有限公司	3532060
16	264	275	中天发展控股集团有限公司	3495609
17	272	318	广西建工集团有限责任公司	3368893
18	280	305	北京市政路桥集团有限公司	3250590
19	289	277	湖南省建筑工程集团总公司	3138910
20	297	196	北京城建集团有限责任公司	3082122
21	299	308	广州市建筑集团有限公司	3076281
22	304	285	成都建筑工程集团总公司	3047944
23	305	333	青建集团股份公司	3042666
24	321	327	陕西建工集团总公司	2852235
25	329	406	中南控股集团有限公司	2750000
26	334	372	江苏南通二建集团有限公司	2712983
27	365	364	江苏南通三建集团有限公司	2508002
28	377	321	云南建工集团有限公司	2429521
29	386	348	广东省建筑工程集团有限公司	2323889

续表

序号	中国企业 500 强名次		企业名称	营业收入（万元）
	2012	2011		
30	395	438	四川公路桥梁建设集团有限公司	2296702
31	396	433	安徽建工集团有限公司	2288571
32	405	403	浙江中成控股集团有限公司	2208876
33	413	468	中太建设集团股份有限公司	2168205
34	417	419	江苏省苏中建设集团股份有限公司	2139315
35	421	446	河北建工集团有限责任公司	2112999
36	429	463	黑龙江省建设集团有限公司	2088357
37	433	**	河北建设集团有限公司	2074164
38	449	**	甘肃省建设投资(控股)集团总公司	2020003
39	455	**	山西建筑工程(集团)总公司	1979123
40	461	470	浙江宝业建设集团有限公司	1936233
41	465	495	浙江八达建设集团有限公司	1913338
42	480	477	浙江昆仑控股集团有限公司	1834575

注：** 表示该年度未上榜。

5.1.2 竞争力百强在 2012 中国企业 500 强中的位置

2012 中国企业 500 强入选门槛为 2011 年营业收入总额 1750696 万元。其中，建筑业企业入选门槛为 2011 年营业收入总额 1834575 万元。

由表 5-1 可见，2011 年度中国建筑业竞争力百强企业中，有 15 家进入了 2012 中国企业 500 强，具体如表 5-2 所示。

入选 2012 中国企业 500 强年度排行榜的竞争力百强企业　　表 5-2

序号	中国企业 500 强名次		企业名称	在竞争力百强榜单中的排名
	2012	2011		
1	209	207	北京建工集团有限责任公司	6
2	229	263	重庆建工集团股份有限公司	13
3	272	318	广西建工集团有限责任公司	10
4	289	277	湖南省建筑工程集团总公司	18
5	297	196	北京城建集团有限责任公司	4

第 5 章　中国建筑业企业双百强比较分析

续表

序号	中国企业 500 强名次		企业名称	在竞争力百强榜单中的排名
	2012	2011		
6	299	308	广州市建筑集团有限公司	22
7	305	333	青建集团股份公司	19
8	321	327	陕西建工集团总公司	14
9	334	372	江苏南通二建集团有限公司	20
10	365	364	江苏南通三建集团有限公司	26
11	386	348	广东省建筑工程集团有限公司	16
12	396	433	安徽建工集团有限公司	21
13	417	419	江苏省苏中建设集团股份有限公司	25
14	449	**	甘肃省建设投资(控股)集团总公司	24
15	461	470	浙江宝业建设集团有限公司	46

注：** 表示该年度未上榜。

根据竞争力百强申报的 2011 年营业收入，除表 5-2 中的 15 家企业外，还有 12 家企业高出 2012 中国企业 500 强的入选门槛。这 12 家企业在中国企业 500 强中的大致排名情况（根据营业收入在 500 强中营业收入的位置排名）如表 5-3 所示。这 12 家企业中，有 11 家企业的母公司进入了 2012 中国企业 500 强。

2011 年度竞争力百强在 2012 中国企业 500 强中的大致排名情况　　表 5-3

序号	百强排名	企业名称 [中括号内为在 500 强中使用的名称]	百强申报的营业收入（万元）	母公司在 500 强中的排名	500 强中的大致排名
1	2	中建三局建设工程股份有限公司	7268919	9	148
2	1	中国建筑第八工程局有限公司	7233479	9	149
3	3	中国建筑第二工程局有限公司	6280796	9	169
4	5	中国建筑第五工程局有限公司	4812779	9	209
5	7	中交第一航务工程局有限公司	3733322	23	247
6	8	中国建筑第四工程局有限公司	3579647	9	255
7	12	中国华西企业股份有限公司	3422523	244	270
8	17	中铁五局(集团)有限公司	3138098	11	290
9	11	中天建设集团有限公司	3101556	264	295

续表

序号	百强排名	企业名称 [中括号内为在500强中使用的名称]	百强申报的营业收入（万元）	母公司在500强中的排名	500强中的大致排名
10	9	中国建筑第七工程局有限公司	3022872	9	311
11	23	中国建筑第六工程局有限公司	2590428	9	356
12	16	中交第三航务工程局有限公司	2380298	23	381

5.2 双百强与全球承包商225强的对比分析

5.2.1 竞争力百强与全球承包商225强的对比分析

全球承包商225强是《美国工程新闻记录》（简称ENR）根据每年各国承包企业在全球范围内(包括本国和国外)的年度营业收入评选出的225家承包商。ENR每年在发布全球承包商225强排行榜的同时，还发布包括排名情况、营业额、新增合同额、业务分布和地区分布等几个方面的相关数据，并简要分析当年全球承包商225强的总体情况，以及225强的成长性及业务发展情况。

5.2.1.1 2012全球承包商225强的中国企业

根据ENR发布的数据，进入2012全球承包商225强的中国企业为41家，如表5-4所示。

进入2012全球承包商225强中的中国企业　　　　表5-4

序号	企业名称	排名 2012	排名 2011	2011年营业收入（百万美元）
1	中国中铁股份有限公司	1	2	79851.6
2	中国铁建股份有限公司	2	1	77947.0
3	中国建筑工程总公司	3	3	68325.5
4	中国交通建设集团有限公司	5	5	46007.3
5	中国冶金科工集团公司	9	7	31528.5
6	中国水利水电建设集团公司	14	15	18085.6
7	上海建工(集团)总公司	16	20	16682.8

续表

序号	企业名称	排名 2012	排名 2011	2011年营业收入（百万美元）
8	中国东方电气集团公司	35	37	7635.6
9	中国化学工程集团公司	38	42	6698.1
10	中国葛洲坝集团有限公司	42	53	6152.2
11	浙江省建设投资集团有限公司	45	52	5832.4
12	北京建工集团有限责任公司	50	**	5521.8
13	中国机械工业集团公司	53	54	5382.0
14	青建集团股份公司	56	74	4829.9
15	山东电力基本建设总公司	61	88	4336.8
16	安徽建工集团有限公司	65	94	4033.0
17	中国石油工程建设(集团)公司	69	51	3891.2
18	云南建工集团有限公司	70	68	3844.4
19	中国石油天然气管道局	72	66	3728.6
20	江苏南通三建集团有限公司	79	85	3200.6
21	中国通用技术(集团)控股有限责任公司	81	**	3178.2
22	中国寰球工程公司	91	90	2916.5
23	中原石油对外经济贸易总公司	95	105	2811.2
24	中信建设有限责任公司	97	75	2730.2
25	山东电力建设第三工程公司	115	125	2178.7
26	上海电气集团有限公司	117	130	2013.9
27	江苏南通六建设集团有限公司	120	123	1996.4
28	新疆北新建筑工程(集团)有限公司	127	143	1864.6
29	中国石化工程公司	134	109	1654.6
30	南通建工集团股份有限公司	136	136	1602.9
31	沈阳远大铝业工程有限公司	143	161	1493.0
32	中国江苏国际经济技术合作公司	157	177	1314.2
33	中国电力工程顾问集团公司	167	153	1195.3
34	中钢设备有限公司	179	**	1106.3
35	泛华建设集团有限公司	180	196	1090.2
36	中国土木工程集团公司	185	170	1054.1

续表

序号	企业名称	排名 2012	排名 2011	2011年营业收入（百万美元）
37	中国武夷实业股份有限公司	188	217	1022.5
38	中国海外经济合作总公司	192	219	988.3
39	中国水利电力对外公司	194	**	968.9
40	哈尔滨电站工程有限公司	215	192	810.9
41	中国地质工程集团公司	217	221	797.7

注：**表示该年度未上榜。

5.2.1.2 全球承包商225强中的竞争力百强企业

2011年度竞争力百强中，有7家企业进入2012全球承包商225强，具体如表5-5所示。

进入2012全球承包商225强的竞争力百强企业　　　　表5-5

2012全球承包商225强排名	2011年度中国建筑业企业竞争力百强排名	企业名称
50	6	北京建工集团有限责任公司
56	19	青建集团股份有限公司
65	21	安徽建工集团有限公司
79	26	南通三建集团有限公司
120	36	江苏南通六建建设集团有限公司
136	66	南通建工集团股份有限公司
143	33	沈阳远大铝业工程有限公司

5.2.1.3 达到全球承包商225强入选门槛的竞争力百强企业

2012全球承包商225强的入选门槛是2011年营业收入总额746.2百万美元，按2011年平均汇率（1：6.4588）折合成人民币约为481956万元。根据2011年度竞争力百强申报的2011年企业营业收入数据，除中交四航局第二工程有限公司、浙江舜江建设集团有限公司、苏州第一建筑集团有限公司、中国水电建设集团十五工程局有限公司、中冶宝钢技术服务有限公司、甘肃路桥建设集团有限公司和中国五冶集团有限公司7家企业外，共有93家竞争力百强企业的营业收入高出2012全球承包商225强的入选门槛。也就是说，这93家企业均有资格进入2012全球承包商225强。

5.2.1.4 相关数据对比分析

根据竞争力百强数据,中国建筑业企业竞争力百强2011年的营业收入总和为人民币15760.98亿元(按2010年人民币对美元的平均汇率1∶6.4588,约合2440.23亿美元),国际业务实现营业收入为人民币794.17亿元(约合122.96亿美元),新签合同额为人民币22651.46亿元(约合3507.07亿美元)。

为了方便比较,将两个排行榜中的数据折算为各自排行榜中每家企业的平均值。2012全球承包商225强在2011年的平均营业收入为56.49亿美元,平均国际工程收入为19.50亿美元,平均新增合同额为73.33亿美元。中国建筑业企业竞争力百强在2011年的平均营业收入24.40亿美元,为全球承包商225强平均收入的43.19%;国际业务实现收入1.23亿美元,为全球承包商225强平均国际收入的6.30%;新签合同额35.07亿美元,为全球承包商225强平均新签合同额的47.82%,如图5-1所示。

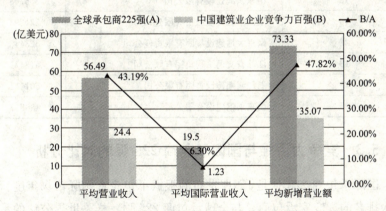

图5-1 全球承包商225强与中国建筑企业竞争力百强的相关数据对比

5.2.2 成长性百强与全球承包商225强的对比分析

2012全球承包商225强的入选门槛是2011年营业收入总额746.2百万美元,按2011年平均汇率(1∶6.4588)折合成人民币约为481956万元。

同样以前述 2012 全球承包商 225 强的入选门槛营业收入总额 746.2 百万美元、折合成人民币约为 481956 万元为标准，根据成长性百强申报的 2011 年营业收入，共有 12 家企业的营业收入高于这一门槛，见表 5-6。也就是说，这 12 家企业均有资格报名参加 2012 全球承包商 225 强的评选，并有一定的可能性进入这一国际知名排行榜。

成长性百强达到 2012 全球承包商 225 强入选门槛的企业　　表 5-6

2011 年度中国建筑业企业成长性百强排名	企业名称	营业收入(万元)
2	华太建设集团有限公司	787263
1	中建工业设备安装有限公司	730976
3	广西建工集团第一建筑工程有限责任公司	660455
8	江苏金土木建设集团有限公司	575055
5	安徽三建工程有限公司	571829
7	浙江天工建设集团有限公司	569743
12	山东兴润建设有限公司	555703
10	安徽水利开发股份有限公司	531293
22	南京大地建设集团有限责任公司	523446
13	江苏省交通工程集团有限公司	518471
16	浙江鸿翔建设集团有限公司	501011
35	山东莱钢建设有限公司	488817

5.3　竞争力百强与国际承包商 225 强的对比分析

国际承包商 225 强是 ENR 发布的根据承包企业国际市场年度营业收入排名的 225 家承包商，与全球承包商 225 强一样是世界公认的承包领域权威排名。国际承包商 225 强与前文所述的全球承包商 225 强的不同之处在于，国际承包商 225 强排名的依据是承包企业在除本国以外的国际市场上的年度营业收入，全球承包商 225 强排名的依据是企业在本国和国际市场上的营业收入之和。

本节主要针对竞争力百强进行分析。对于成长性百强企业，因为未统计其国际营业收入，故对其不作分析。

5.3.1 2012 国际承包商 225 强中的中国企业

2012 国际承包商 225 强入选门槛为 2011 年国际市场营业收入 171.2 百万美元。其中，进入 2012 国际承包商 225 强的中国企业共有 52 家。入榜企业数比上年增加 1 家，新上榜的企业有 7 家。表 5-7 给出了进入 2012 国际承包商 225 强的中国企业及其国际市场营业收入情况。

进入 2012 国际承包商 225 强的中国企业 表 5-7

序号	公司名称	2012 年度排名	2011 年度排名	海外市场收入（百万美元）
1	中国交通建设股份有限公司	10	11	9546.9
2	中国建筑股份有限公司	22	20	4509.6
3	中国水利水电建设股份有限公司	23	24	4399.6
4	中国机械工业集团公司	24	26	4307.4
5	中国铁建股份有限公司	30	29	3782.0
6	中国中铁股份有限公司	39	33	2826.9
7	中国冶金科工集团公司	42	61	2623.3
8	中信建设有限责任公司	46	32	2417.2
9	中国石油工程建设(集团)公司	48	27	2230.8
10	山东电力建设第三工程公司	53	58	2019.6
11	中国葛洲坝集团公司	62	71	1573.1
12	山东电力基本建设总公司	64	100	1569.5
13	上海电气集团	67	78	1546.0
14	中国化学工程股份有限公司	77	92	1368.1
15	东方电气股份有限公司	83	80	1169.7
16	上海建工(集团)总公司	86	54	1109.7
17	中国通用技术(集团)控股有限责任公司	89	**	995.6
18	中国土木工程集团公司	91	86	968.6
19	中国水利电力对外公司	92	115	954.6
20	中地海外建设有限责任公司	93	112	912.6
21	哈尔滨电站工程有限责任公司	97	95	810.9
22	中原石油勘探局工程建设总公司	99	118	777.8
23	青建集团公司	104	127	744.9

续表

序号	公司名称	2012年度排名	2011年度排名	海外市场收入（百万美元）
24	中国石化工程建设公司	114	83	634.9
25	中国江苏国际经济技术合作公司	117	125	582.5
26	中国石油天然气管道局	123	89	535.4
27	中国万宝工程公司	125	176	507.8
28	中国地质工程集团公司	127	129	504.0
29	中国大连国际经济技术合作集团有限公司	131	145	467.5
30	安徽省外经建设(集团)有限公司	141	155	420.8
31	沈阳远大铝业工程有限公司	145	168	396.7
32	北京建工集团有限责任公司	146	113	395.0
33	中国河南国际合作集团有限公司	151	154	368.5
34	中国中原对外工程公司	155	177	346.9
35	新疆北新建设工程(集团)有限责任公司	157	163	340.6
36	中国江西国际经济技术合作公司	159	183	336.4
37	中国武夷实业股份有限公司	164	193	329.5
38	泛华建设集团有限公司	166	187	328.4
39	中国寰球工程公司	169	158	319.6
40	安徽建工集团有限公司	171	170	301.8
41	江西中煤建设集团有限公司	184	**	250.1
42	中鼎国际工程有限责任公司	190	206	239.4
43	浙江省建设投资集团公司	195	214	232.9
44	中国电子进出口总公司	199	**	227.8
45	中国石油天然气管道工程有限公司	203	203	222.5
46	江苏南通三建集团有限公司	205	202	218.3
47	云南建工集团有限公司	208	220	210.1
48	南通建工集团股份有限公司	209	200	204.5
49	江苏南通六建设集团有限公司	215	**	190.2
50	中钢设备有限公司	219	**	175.1
51	中石化上海工程有限公司	221	**	171.2
52	威海国际经济技术合作股份有限公司	225	**	152.3

注：** 表示该年度未上榜。

5.3.2 国际承包商 225 强中的竞争力百强企业

由表 5-7 可见，竞争力百强企业中有 9 家企业进入 2012 国际承包商 225 强，具体如表 5-8 所示。

进入 2012 国际承包商 225 强的竞争力百强企业　　　表 5-8

2012 国际承包商 225 强排名	2011 年度中国建筑业企业竞争力百强排名	企业名称
104	19	青建集团股份公司
117	53	中国江苏国际经济技术合作公司
141	44	安徽省外经建设集团有限公司
145	33	沈阳远大铝业工程有限公司
146	6	北京建工集团有限责任公司
171	21	安徽建工集团有限公司
205	26	江苏南通三建集团有限公司
209	66	南通建工集团股份有限公司
215	36	江苏南通六建建设集团有限公司

5.3.3 达到 2012 国际承包商 225 强入选门槛的竞争力百强企业

2012 国际承包商 225 强的入选门槛是 2011 年国际市场营业收入达到 171.2 百万美元，按 2011 年人民币对美元的平均汇率 1∶6.4588 折算，约合 110575 万元，根据竞争力百强申报的 2010 年国际营业收入，还有 14 家企业的国际市场营业收入高出 2012 国际承包商 225 强入选门槛，见表 5-9。

竞争力百强达到 2012 国际承包商 225 强入选门槛的企业　　　表 5-9

2011 年度中国建筑业企业竞争力百强排名	企业名称	国际营业收入（万元）
32	河南国基建设集团有限公司	560974
27	江苏江都建设集团有限公司	360400
43	中国十五冶金建设集团有限公司	357893
41	中国水利水电第十四工程局有限公司	342144
48	南通建筑工程总承包有限公司	324800

续表

2011年度中国建筑业企业竞争力百强排名	企业名称	国际营业收入（万元）
16	中交第三航务工程局有限公司	286868
5	中国建筑第五工程局有限公司	222288
34	新疆生产建设兵团建设工程(集团)有限责任公司	209802
7	中交第一航务工程局有限公司	206850
1	中国建筑第八工程局有限公司	183600
40	大庆油田建设集团有限责任公司	150254
3	中国建筑第二工程局有限公司	132453
62	江苏省建筑工程集团有限公司	121634
93	中交四航局第二工程有限公司	113584